この本の使い方〈基本〉

①指さしながら発音する

話したい単語を話し相手に見せながら発音します。相手は文字と音で確認するので確実に通じます。

②言葉を組み合わせる

2つの言葉を順番に指さしながら発音することで、文章を作ることができます。わかりやすさしましょう。

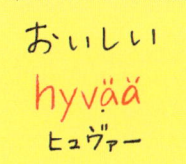
③発音大き

④相手にも指さしてもらう

発音せずに指さすだけでも通じるのは確かですが、「話したい」という姿勢を見せるためにも発音することは重要です。だんだん正しい発音に近づきます。

話し相手にはフィンランド語を指さしながら話してもらいます。あなたは日本語を読んで、その言葉の意味がわかります。

◎6ページを読んでもらえば、この本の考え方が伝わり、より会話はスムーズになります。

⑤自然と言葉を覚えられる

指さしながら、発音し、相手の発音を聞く。これをくり返すうちに、だんだん言葉を覚えていきます。フィンランドでの会話のコツを知りたくなったら81ページからの文章が、難しい言葉は巻末の単語集がフォローしています。

旅の指さし会話帳 ㉟ フィンランド

青木エリナ・著

目次

フィンランドのみなさまへ ⑥

第1部
「旅の指さし会話帳」本編 ⑦

- ページのテーマ
- 空港→宿
  - 「入国審査はどこですか？」
  - 「ホテルに行きたい」 ⑧
- そのページで話せる内容の例
- ページ番号

第2部
フィンランドで楽しく会話するために ㊶

第3部
日本語→フィンランド語単語集 ㉙

第4部
フィンランド語→日本語単語集 ⑩⑦

あとがき ⑫⑤

空港→宿	あいさつ
「入国審査はどこですか？」「ホテルに行きたい」 ⑧	「こんにちは」「ありがとう」「クリスマスおめでとう」 ⑩

街を歩く	乗り物
「レストランはどこですか」「島に行きたい」 ⑯	「席を一つ予約したい」「駅はどこですか」 ⑱

数字とお金	買い物
「142」「いくつ？」「ユーロに両替してください」 ㉔	「ムーミングッズはありますか？」「インテリアショップ」 ㉖

時間と時計	月日と年月
「○時に起こして下さい」「2時55分」 ㉜	「いつここに来ましたか」「2002年6月8日」 ㉞

食事	レストラン
「食事にしよう！」「おすすめは何ですか？」 ㊳	「注文をお願いします」「へら鹿の肉」「炒めた」 ㊵

サンタ村とサンタパーク	ムーミンワールド
「メリークリスマス」「入場券はいくらですか」 ㊻	「どのように行きますか？」「スーパーチケットを」 ㊽

デザイン	スポーツ
「リナックス」「マリメッコ」「材質は何ですか？」 ㊿	「スポーツは何が好きですか？」「ホッケーチーム」 ㊾

家	家族・友だち
「どんな住まいに住んでいますか？」テラスハウス、暖炉 ⑥⓪	「兄弟はいますか？」「君、キレイだね」 ⑥②

体	病院
「熱がある」「病院に行きたい」「医者を呼んでください」 ⑥⑥	「どのくらいで治りますか？」「旅行を続けられますか？」 ⑥⑧

日用品	動物・植物
「電池はどこで手に入りますか」「シャンプーがほしい」 ⑦②	「私はヘラ鹿が好きです」「ゴキブリはいますか？」 ⑦④

話し相手用「フィンランド語目次」→⑫⑧ページ

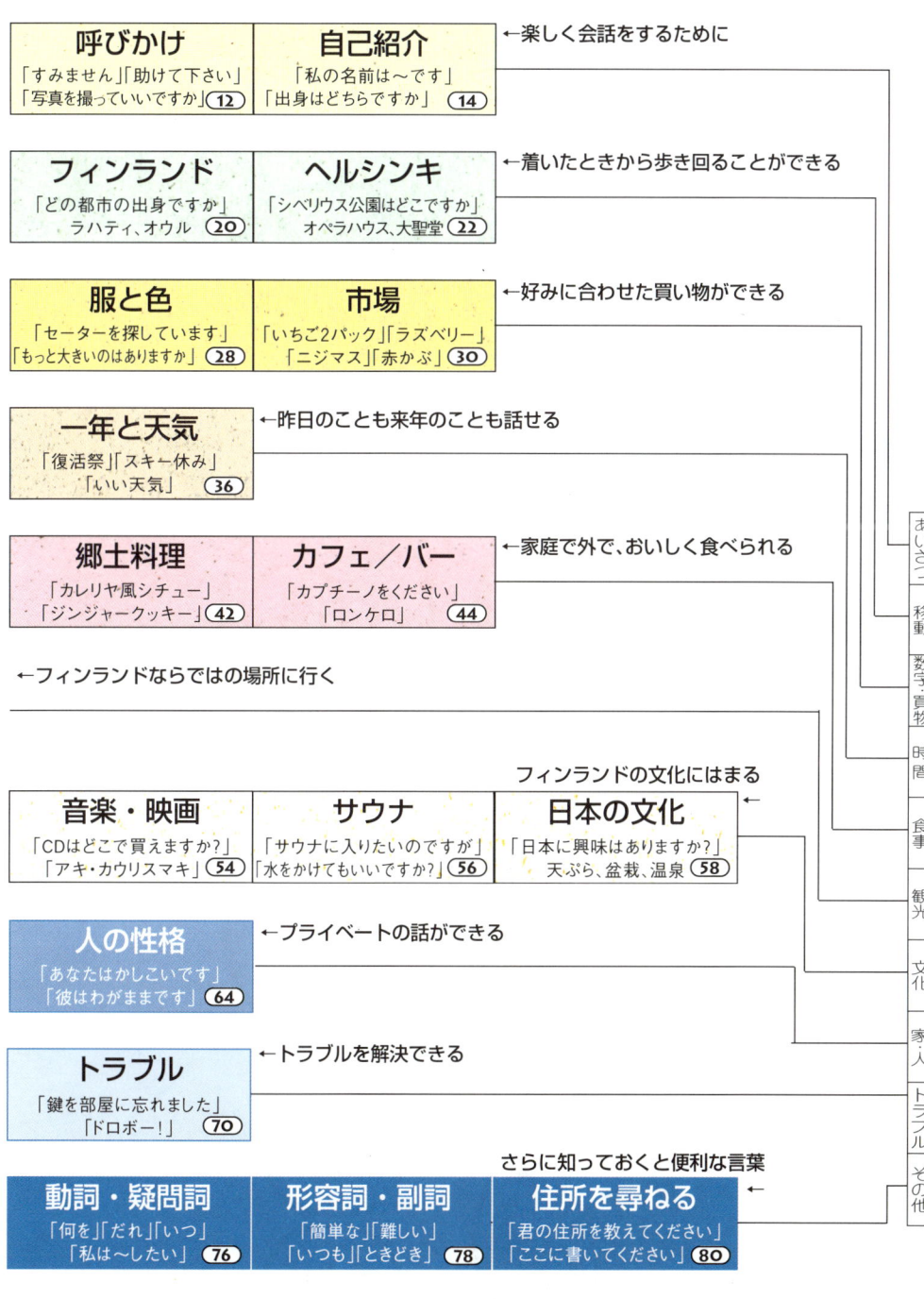

この本のしくみ

第1部：指さして使う部分です

7ページから始まる第1部「本編」は、会話の状況別に、37に分けられています。
指さして使うのは、この部分です。

イラストは実際の会話中に威力を発揮します

あわてている場面でもすぐに言葉が目に入る、会話の相手に興味を持ってもらう、この2つの目的でイラストは入れてあります。使い始めるとその効果がわかります。

インデックスでページを探す

前ページにある目次は、各見開きの右側にあるインデックスと対応しています。状況に応じて目次を開き、必要なページをインデックスから探してください。

ページからページへ

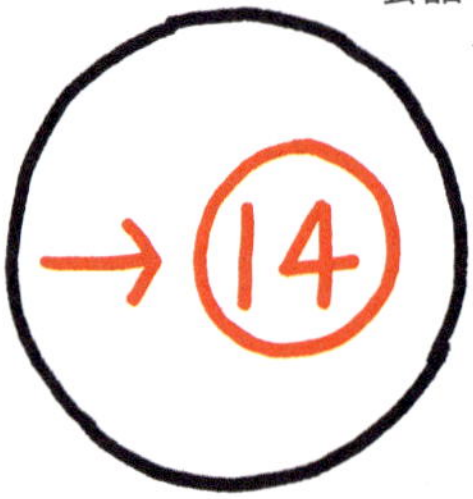

会話の関連事項の載っているページについては、「→14」などの表示があります。会話をスムーズに続けるために、ぜひ活用してください。

日本語の読みがなで話す

各単語にはできるだけ実際のフィンランド語の発音に近い読みがながふってあります。まずは話してみること。かならず発音はよくなります。

第2部：さらに楽しく会話するために

フィンランド語の基本知識、対人関係のノリなど、コミュニケーションをさらに深めるためのページです。とくに文法をある程度理解すると、会話の幅は飛躍的に広がります。

第3部、第4部：頼りになる充実の単語集

言葉がさらに必要になったら、巻末の単語集を見てください。
辞書形式で
「和→フィン」
「フィン→和」
ともに2500以上をフォローしています。

裏表紙は、水性ペンを使うと、何度でもメモ書きに使えます。

折り曲げて持ち歩きやすいように、本書は特別な紙を選んで使っています。

この本の使い方〈そのコツ〉

　このシリーズは、語学の苦手な人でもぶっつけ本番で会話が楽しめるように、ありとあらゆる工夫をしています。実際に使った方からは「本当に役に立った」というハガキをたくさんいただきます。友達ができた方、食事に招かれた方、旅行中に基本的な言葉を覚えた方……、そんな方がたくさんいます。

　その土地の言葉で話そうとする人は歓迎されるもの。そして会話がはずめば、次々とおもしろい体験が押し寄せてきます。現地の人しか知らない「とっておきのおいしい店」や「最近流行っているスポット」を教えてもらったり、その時でしか見られない催しに連れていってもらったり……。こういった体験は、おきまりの場所をたどる旅行より数十倍、数百倍おもしろいものです。

　では、どうやると本書をそんなふうに使えるのか、そのコツをいくつか紹介します。

第1のコツ→面白い本だとわかってもらう

　本書は、実際の会話の場面で話し相手に興味を持ってもらうための工夫をいたるところにしています。

　言葉の一つ一つは、あなたが使うためはもちろん、フィンランド人に"ウケる"ことも考えて選んでいますし、イラストも興味を少しでもひくために盛り込んでいます。

　54ページの「サウナ」、62ページの「家族・友だち」なども、実用的な意味と同時に、フィンランド人に「こんなことも載っているのか！ 面白そうな本だな〜」と感じてもらう意味があります。相手に合わせて、興味を持ってくれそうなページをすかさず見せることは重要なポイントです。

第2のコツ→おおまかに全体を頭に入れておく

　どのページにどんな表現が載っているかを把握しておくと、スムーズにいろんな言葉を使えます。目次を見ながら、興味のあるページを眺めておきましょう。

第3のコツ→少ない単語を駆使する

　外国語というと、たくさん言葉を覚えないと、と思っていませんか？　でも少ない言葉でも、いろんなことが話せるのです。

　たとえば、あなたが日本で外国人に尋ねられた状況を考えてみてください。
「シンカンセン、シンカンセン、ヒロシマ」と言われたら"この人は新幹線で広島に行きたいらしい"ということは、充分にわかるものです。また、その人が腕時計を何度も指さしていたら"急いでいるんだな"ともわかるでしょう。

　「大きい」「小さい」「好き」「歩く」「どうしたの？」などの言葉も、さまざまな状況でさまざまな形で使えます。

　本書ではそういった使い回しのきく言葉や表現を優先的に拾っていますので、早い人なら1週間で簡単な会話のやりとりはこなせるようになります。

第4のコツ→得意な言葉を作る

　本書を使っていると、人によってよく使うページは分かれます。年齢に話題をふりたがる人、その土地の文化を話したがる人、家族のことをもちだす人……。

　好きな言葉、よく使う言葉ほどすぐに覚えられるもの。

　そんな言葉ができたら、発音をくり返して、話すだけでも通じるようにひそかに練習しましょう。

　片言でも自分の言葉にして、話して通じることは、本当に楽しい経験になり、また会話の大きなきっかけとなります。

Kaikille suomalaisille ystäville

Tässä edessäsi on nyt eräs japanilainen.
Luulen että häntä jännittää kauheasti kun hän puhuu sinulle.
Hän tuli tänne kaukaa Japanista ja haluaa puhua suomalaisten kanssa ja nähdä aitoa Suomea, jota ei voi kokea televisiossa eikä internetissä.
Hän on kiinnostunut kaikesta Suomesta ja haluaa kokea paljon täällä.
Siksi neuvo hänelle paljon Suomen lumouksista.
Mahdollisesti hän saattaa olla vaikeuksissa joten auta häntä.
Jos olet kiinnostunut Japanista, kysy häneltä siitä.
Hän kertoo mielellään Japanista muutakin kuin "harakiri" ja "samurai".
Mutta sinä olet varmasti huolissasi miten keskustella hänen kanssaan, vaikka kumpikaan ei osaa puhua toisensa kieltä.
Ei huolta, tässä kirjassa on kätevät suomenkieliset sanat kuvien kanssa.
Puhutaan Suomea!

Kiitos ystävällisyydestäsi
Elina Aoki

親愛なるフィンランドのみなさんへ

今、あなたの目の前に、一人の日本人がいます。
おそらく、彼は(彼女は)ものすごくドキドキして、あなたに話しかけていることでしょう。
彼は皆さんとお話して、テレビやネットサーフィンでは味わえない、生のフィンランドを自分の目で見たいと思って、遠い日本からやって来ました。
フィンランドのすべての事に興味を持っていて、多くのことを体験したいと思っています。
だから、ぜひ、たくさんのフィンランドの魅力について教えてあげてください。
ひょっとしたら、何か困っているのかも知れません。そんな時は助けてあげてください。
そして、もし、あなたが日本に興味を持っているならば、彼に尋ねてみてください。
「ハラキリ」や「サムライ」だけじゃなく、日本について喜んで教えてくれるはず。
でも、言葉が通じないのにどうやってコミュニケーションをとるかって?
大丈夫。この本には、使えるフィンランド語の会話文がイラスト付きで書かれているので、そんな心配は要りません。
さあ、フィンランド語でお話しましょ。

あなたの親切に感謝します。
青木エリナ

「旅の指さし会話帳」本編
Matkakumppani Suomeen

空港→宿 Lentokentältä majoitukseen
レントケンタルタ マヨイトゥクセーン

〜はどこですか？
Missä on 〜?
ミッサ オン

入国審査	パスポート
passintarkastus パッシンタルカストウス	**passi** パッシ
EU諸国	EU以外
EU kansalaiset エーウー カンサライセトウ	**kaikki kansalaiset** カイッキ カンサライセトウ
到着	出発
saapuvat サープヴァット	**lähtevät** ラハテヴァット

税関	警察	銀行	トイレ 男 女 スウェーデン語表記※1	出口	入口
tulli トゥッリ	**poliisi** ポリーシ	**Pankki** パンッキ	**vessa** ヴェッサ	**ulos** ウロス	**sisään** シサーン

国内線 **kotimaanlennot** コティマーンレンノット	観光案内所	両替所	荷物受取所
国際線 **ulkomaanlennot** ウルコマーンレンノット	**neuvonta** ネウヴォンタ	**valuutanvaihto** ヴァルータンヴァイヒト	**matkatavara-aula** マトゥカタヴァラアウラ

電話	ポスト	売店	私の荷物が出てきません
puhelin プヘリン	**postilaatikko** ポスティラーティッコ	**kioski** キオスキ	**Minun matkatavarani ei ole vielä tullut** ミヌン マトゥカタヴァラニ エイ オレ ヴィエッラ トゥッルトゥ

〜に行きたい
Haluan mennä 〜
ハルアン メンナ
→ヘルシンキ㉒

〜に乗りたい
Haluan nousta 〜
ハルアン ノウスタ
→乗りたいもの⑬

中心、市街地	駅
keskustaan ケスクスターン	**asemalle** アセマッレ
ホテル	ここに ※2
hotelliin ホテッリーン	**tähän paikkaan** タハン パイッカーン
バス	タクシー
bussiin ブッシーン	**taksiin** タクシーン

※1 フィンランドではフィンランド語とスウェーデン語が公式言語なので、通りの名前や標識も併記されています。
※2 地図を指さしながら。

いくらですか？
Paljonko se maksaa?
パリヨンコ セ マクサー

○ユーロ	ホテル	ユースホステル
○euro(a)	hotelli	retkeilymaja
エウロ(ア)	ホテッリ	レトゥケイリュマヤ

→ 数字とお金 24

予約してあります
Olen varannut huoneen
オレン ヴァランヌットゥ フオネーン

宿を探しています
Etsin majoitusta
エッツィン マヨイトゥスタ

安い	駅から近い
halpa	aseman lähcltä
ハルパ	アセマン ラヘルタ

部屋は空いてますか？
Onko vapaita huoneita?
オンコ ヴァパイタ フオネイタ

1泊いくらですか？
Paljonko maksaa yö?
パリヨンコ マクサー ウュオ

○泊します
Jään ○ yöksi
ヤーン ウュオクシ

シングル
yhden hengen huone
ウュフデン ヘンゲン フオネ

ダブル
Kahden hengen huone pari vuoteet
カハデン ヘンゲン フオネ パリ ヴォテートゥ

ツイン
Kahden hengen huone erilliset vuoteet
カハデン ヘンゲン フオネ エリッリセット ヴォテートゥ

フロ付き	シャワー付き
Kylpyammeella	suihkulla
キュルプアンメーラ	スイヒクッラ

朝食付き
aamiainen sisältyy hintaan
アーミアイネン シサルトゥユー ヒンターン

喫煙	禁煙
Savullinen	Savuton
サヴッリネン	サヴトン

部屋に〜はありますか？
Onko huoneessa 〜?
オンコ フオネーッサ

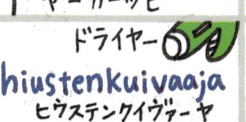

フロント	カギ
vastaanotto	avain
ヴァスターンオット	アヴァイン

エレベーター	サウナ＊
hissi	sauna
ヒッシ	サウナ

タオル	金庫
Pyyhkeet	tallelokero
ピューフケート	タッレロケロ

冷蔵庫	テレビ
jääkaappi	televisio
ヤーカーッピ	テレビシオ

ドライヤー	電話
hiustenkuivaaja	puhelin
ヒウステンクイヴァーヤ	プヘリン

空港→宿

あいさつ｜移動｜数字・買物｜時間｜食事｜観光｜文化｜家人｜トラブル｜その他

＊ たいていのホテルには共用サウナがあります。料金はホテルによってまちまち。無料のところもあります。

あいさつ Tervehtiminen
テルヴェヘティミネン

こんちは！ **Hei!** ヘイ	やあ！ **Moi!** モイ
	どーも！ **Terve!** テルヴェ

おはよう **Hyvää huomenta** ヒュヴァー フオメンタ	こんにちは **Hyvää päivää** ヒュヴァー パイヴァー	こんばんは **Hyvää iltaa** ヒュヴァー イルター

お元気ですか？ **Mitä kuuluu?** ミタ クールー	→	ありがとう、元気です **Kiitos, hyvää** キートス ヒュヴァー
調子はどう？ **Miten menee?** ミテン メネー	→	ありがとう、好調です **Kiitos, hyvin** キートス ヒュビン

すごく〜 **Oikein~** オイケイン	まあまあ〜* **ihan~** イハン	あなたは元気？ **Entä sinulle?** エンタ シヌッレ	あなたの調子は？ **Entä sinulla?** エンタ シヌッラ

ようこそ **Tervetuloa!** テルヴェトゥロア	私の名前は〜です **Minun nimi on 〜** ミヌン ニミ オン
初めまして **Hauska tutustua** ハウスカ トゥトゥストゥア	あなたのお名前は？ **Mikä sinun nimi on?** ミカ シヌン ニミ オン

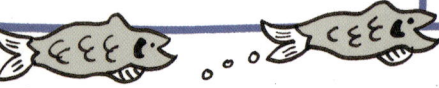

*厳密には「絶好調」と「まあまあ」の間くらい。ふつうフィンランド人はあまり調子が良くないときでも、「元気です/好調です」と答えます。日本人みたい!?

あいさつ

（どうも）ありがとう
Kiitos (paljon)
キートス (パリヨン)

➡ **どういたしまして**
Eipä kestä.
エイパ ケスタ

ごめんなさい
Anteeksi
アンテークシ

➡ **いいですよ**
Ei se mitään.
エイ セ ミターン

おめでとう！
Onnea!
オンネア

かんぱい！ kippis!
キッピス

お誕生日おめでとう
Hyvää syntymäpäivää
ヒュヴァー シュントゥマパイヴァー

クリスマスおめでとう
Hyvää joulua!
ヒュヴァー ヨウルア

新年おめでとう
Hyvää uutta vuotta!
ヒュヴァー ウーッタ ヴオッタ

良い週末を！
Hyvää viikonloppua!
ヒュヴァー ヴィーコンロップア

良い旅行を！
Hyvää matkaa!
ヒュヴァー マトゥカー

良い一日を！（続きを）
Hyvää jatkoa!
ヒュヴァー ヤトコア

ありがとう．あなたもね
Kiitos, samoin.
キートス サモイン

バイバイ
Hei Hei / Moi Moi
ヘイ ヘイ　モイ モイ

さようなら
Näkemiin
ナケミーン

またね
Nähdään taas
ナハダーン タース

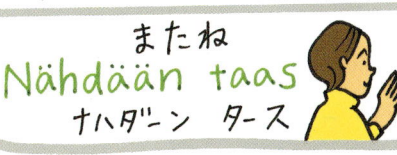

おやすみなさい
Hyvää yötä
ヒュヴァー ウュオタ

はい／うん
Kyllä/Joo
キュッラ／ヨー

いいえ
Ei
エイ

呼びかけ Pyynnöt
ピューンノトゥ

Pyynnöt / あいさつ

| あのー **Hei** ヘイ | すみません **Anteeksi** アンテークシ |

助けて下さい
Voisitko auttaa?
ヴォイシトゥコ アウッター

待って下さい
Voisitko odottaa?
ヴォイシトゥコ オドッター

書いて下さい
Voisitko kirjoittaa?
ヴォイシトゥコ キルヨイッター

わかりますか？
Ymmärrätkö ?
ウンマラトコ

わかりません
En ymmärrä
エン ウンマラ

もう一度言って下さい
Voisitko sanoa uudestaan ?
ヴォイシトゥコ サノア ウーデスターン

ゆっくり言って下さい
Voisitko sanoa hitaasti ?
ヴォイシトゥコ サノア ヒターステイ

英語(日本語)を話せますか？
Puhutko englantia ? (japania)
プフトコ エングランティア (ヤパニーア)

フィンランド語で何と言いますか
Miten sanotaan suomeksi?
ミテン サノターン スオメクシ

〜してもいいですか？
Saanko〜?
サーンコ

尋ねる
Kysyä
キュシュア

すわる
Istua
イストゥア

はい、どうぞ
Olkaa hyvä
オルカー ヒュヴァ

ペンを借りる
lainata kynää
ライナタ キュナー

入る
mennä sisään
メンナ シサーン

いいえ、ダメです
Ei saa
エイ サー

タバコを吸う
polttaa tupakkaa
ポルッター トゥパッカー

〜をもらう
Ottaa〜
オッター

呼びかけ

だいじょうぶ？ **Onko kaikki hyvin?** オンコ カイッキ ヒュヴィン	了解！ **Selvä!** セルヴァ	もちろん！ **Totta kai!** トッタ カイ
だいじょうぶ **OK** オーコー	絶対に **ehdottomasti** エヘドットマスティ	たぶんね… **Ehkä…** エヘカ
本当に？ **Onko se totta?** オンコ セ トッタ	その通り！ **Aivan!** アイヴァン	なるほど！ **tosiaan!** トシアーン

急げ **äkkiä!** アッキア	えーっと… **tuota…** トゥオタ	チェッ **hitto!** ヒット	信じられない！ **Uskomatonta!** ウスコマトンタ
あら！ **Voi että** ヴォイ エッタ	素敵 **ihanaa!** イハナー	おっと **ups!** ウプス	マジ！？ **Ihan totta?** イハン トッタ
あら あら **Voi voi** ヴォイ ヴォイ	あーそう **Vai niin** ヴァイ ニーン	やめて！ **Lopeta!** ロペタ	助けてぇ〜 **Apua!** アプオア

写真を撮ってもいいですか？
Saanko ottaa valokuvia?
サーンユ オッター ヴァロクヴィア

はい **Joo** ヨー
いいえ **Ei** エイ

フラッシュ禁止
Salamavalon
サラマヴァロン
Käyttö kielletty
キャウュットョ キエレットュ

写真を撮ってもらえますか？
Voisitko ottaa meistä valokuvia?
ヴォイシトゥコ オッター メイスタ ヴァロクヴィア

このボタンを押すだけです
paina vain tätä nappia
パイナ ヴァイン タタ ナッピア

自己紹介 Tutustuminen
トゥトゥストゥミネン

私の名前は〜です	名前 etunimi
Minun nimi on 〜	エトゥニミ
ミヌン ニミ オン	苗字 sukunimi
あなたの名前は何ですか？	スクニミ
Mikä sinun nimi on?	ミドルネーム toinennimi
ミカ シヌン ニミ オン	トイネンニミ

何歳ですか？	○歳です
Kuinka vanha sinä olet?	O vuotias.
クインカ ヴァンハ シナ オレット	ヴォティアス

〜で(ために)来ました
Tulin 〜
トゥリン

休暇で	仕事で	勉強で
lomalle	töihin	opiskelemaan
ロマッレ	トヨイヒン	オピスケレマーン

職業は何ですか？	私は〜です
Mikä sinun ammatti on?	Olen 〜
ミカ シヌン アンマッティ オン	オレン

学生	教師	サラリーマン
Opiskelija	Opettaja	palkkatyöntekijä
オピスケリヤ	オペッタヤ	パルッカテュオンテキヤ
コック	建築家	医者
kokki	arkkitehti	lääkäri
コッキ	アルッキテヘティ	ラーカリ
音楽家	芸術家	主婦
muusikko	taiteilija	kotirouva
ムーシッコ	タイテイリヤ	コティロウヴァ

※ フィンランド語では、「私はサラリーマンです」という表現は使いません。例えば「ノキアに勤めています（Olen töissä Nokiassa.）」とか「私はエンジニアです（Olen insinööri.）」など、会社名や職種を答えます。

自己紹介

私は〜人です
Olen 〜
オレン

日本人	フィンランド人
japanilainen	suomalainen
ヤパニライネン	スオマライネン

出身はどちらですか？
Mistä olet kotoisin ?
ミスタ オレット コトイシン

日本の出身です
Olen kotoisin Japanista
オレン コトイシン ヤパニスタ

どこに住んでいますか？
Missä asut ?
ミッサ アスットウ

フィンランドに住んでいます
Asun Suomessa
アスン スオメッサ

日本	フィンランド	スウェーデン	ノルウェー
Japani	Suomi	Ruotsi	Norja
ヤパニ	スオミ	ルオツイ	ノルヤ
デンマーク	ドイツ	イギリス	フランス
Tanska	Saksa	Englanti	Ranska
タンスカ	サクサ	エングランティ	ランスカ
ロシア	アメリカ	中国	韓国
Venäjä	Amerikka	Kiina	Etelä-Korea
ベナヤ	アメリッカ	キーナ	エテラ コレア

結婚しています
Olen naimisissa.
オレン ナイミシッサ

独身です
Olen sinkku.
オレン シンック

彼氏(彼女)がいます
Minulla on poikaystävä
(tyttöystävä)
ミヌッラ オン ポイカユスタヴァ
(トュットユスタヴァ)

子供が1人います
Minulla on yksi lapsi
ミヌッラ オン ウクシ ラプシ

あいさつ｜移動｜数字・買物｜時間｜食事｜観光｜文化｜家人｜トラブル｜その他

街を歩く Kadulla
カドゥッラ

～はどこですか？
Missä on ～ ?
ミッサ オン

どのくらいかかりますか（時間）？
Kuinka kauan kestää ?
クインカ カウアン ケスター

歩いて	トラムで	バスで	タクシーで	〇分
Kävellen	ratikalla	bussilla	taksilla	noin 0 minuuttia
キャヴェッレン	ラティカッラ	ブッシッラ	タクシッラ	ノイン ミヌーッティア

郵便局	旅行代理店	観光案内所	美術館	レストラン
posti	matkatoimisto	neuvonta	taidemuseo	ravintola →40
ポスティ	マトゥカトイミスト	ネウヴォンタ	タイデムセオ	ラヴィントラ
バー	スーパー	カフェ	バス/トラム停	公園
baari	supermarket	kahvila	pysäkki	puisto
バーリ	スペルマルケットゥ	カハヴィラ	ピュサッキ	プイスト
タクシー	バスターミナル	デパート	病院	薬局
taksi	linja auto asema	tavaratalo	sairaala →68	apteekki
タクシ	リンヤアウトアセマ	タヴァラタロ	サイラーラ	アプテーッキ
駅	公衆電話	空港	キオスク	港
asema →18	yleisopuhelin	lentokenttä	kioski	satama
アセマ	ウレイソプヘリン	レントケンッタ	キオスキ	サタマ
博物館	市場	銀行	警察 →70	トイレ
museo	kauppatori →30	pankki	poliisi	vessa
ムセオ	カウッパトリ	パンッキ	ポリーシ	ヴェッサ

男 Mies ミエス　女 Nainen ナイネン

北 pohjoinen ポホヨイネン
西 länsi ランシ
東 itä イタ
南 etelä エテラ

とても～	近い
tosi	lähellä
トシ	ラヘッラ
かなり～	遠い
aika	kaukana
アイカ	カウカナ

街を歩く

～に行きたい	どこに行きますか？
Haluan mennä～	Mihin sinä olet menossa?
ハルアン　メンナ	ミヒン　シナ　オレット　メノッサ

食事に	島	踊りに	海
Syömään	saareen	tanssimaan	merelle
シュオマーン →38	サーレーン	タンッシマーン	メレッレ
お茶に	散歩に	買い物に	(軽く)飲みに
kahville	kävelylle	ostoksille	oluelle
カハヴィッレ	キャヴェリュッレ	オストクシッレ →26	オルエッレ →44
湖 森に	森に	切符を買いに	川
järvelle	metsään	ostamaan lippua	joelle
ヤルヴェッレ	メッツァーン	オスタマーン　リップア	ヨエッレ

～の隣	角
~vieressä	kulma
ヴィエレッサ	クルマ
～の正面	交差点
~edessä	risteys
エデッサ	リステウス
～の後	信号機
~takana	liikennevalot
タカナ	リーケンネヴァロット

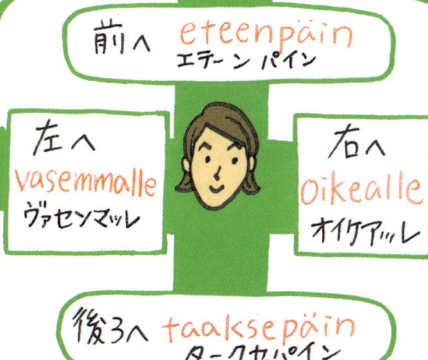

前へ　eteenpäin
エテーン　パイン

左へ　vasemmalle
ヴァセンマッレ

右へ　oikealle
オイケアッレ

後ろへ　taaksepäin
タークセパイン

向こう側　toisella puolella
トイセッラ　プオレッラ

通り　katu/tie
カトゥ/ティエ

こちら側　tällä puolella
タッラ　プオレッラ

ここ	道に迷う
tässä	eksyä
タッサ	エクシュア
あそこ	まっすぐ行く
tuolla	mennä suoraan
トゥオッラ	メンナ　スオラーン
そこ	曲がる
siellä	kääntyä
シエッラ	キャーントュア

移動／数字・買物／時間／食事／文化／生物／家・人／トラブル／その他

乗り物 Kulkuvälineet
クルクヴァリネートゥ

買う / 予約する

~はどこで買えますか？
Mistä voin ostaa ~?
ミスタ ヴォイン オスター

ヘルシンキカード ＊
Helsinki-kortti
ヘルシンキ コルッティ

航空券	列車の切符	乗船券
lentolipun	junalipun	laivalipun
レントリプン	ユナリプン	ライヴァリプン

席を1つ予約したい
Haluan varata paikan.
ハルアン ヴァラタ パイカン

~行きの列車はどれですか？
Mikä juna menee ~?
ミカ ユナ メネー

乗り換えは必要ですか？
Tarvitseeko vaihtaa?
タルヴィツェーコ ヴァイヒター

いくらですか？ →24
Paljonko se maksaa?
パリヨンコ セ マクサー

どの位かかりますか？
Kuinka kauan kestää?
クインカ カウアン ケスター

何時に出発しますか？
Mihin aikaan se lähtee?
ミヒン アイカーン セ ラハテー

→時間と時計32

一等席	二等席	通路(側)	窓(側)
ensimmäinen luokka	toinen luokka	käytävä	ikkuna
エンシンマイネン ルオッカ	トイネン ルオッカ	キャウタヴァ	イックナ

片道	往復	急行列車	寝台車
meno	menopaluu	pikajuna	makuuvaunu
メノ	メノパルー	ピカユナ	マクーヴァウヌ

確認する
Vahvistaa
ヴァハヴィスター

リコンファームしたいのですが
Haluan vahvistaa varauksen
ハルアン ヴァハヴィスター ヴァラウクセン

キャンセルする
peruuttaa
ペルーッター

キャンセル料
peruutusmaksu
ペルートゥスマクス

お金は戻ってきますか？
Saako rahaa takaisin?
サーコ ラハー タカイシン

＊ 市内交通(バス・トラム・鉄道・地下鉄)の共通チケットと博物館の割引などの特典が付いた旅行者用カードです。「Helsinki Card」とも表記されています。市内交通の共通チケットのみの「Matkailijalippu(マトゥカイリヤリップ)」もあります。キオスクでも購入可。

乗る

~はどこですか?
Missä on ~?
ミッサ オン

停留所
pysäkki
ピュサッキ

バスターミナル
linja-autoasema
リニヤアウトアセマ

(鉄道)駅
(rautatie) asema
(ラウタティエ) アセマ

空港
lentokenttä
レントケンッタ

港
satama
サタマ

乗り物

出発する
lähtee
ラハテー

到着する
saapuu
サープー

定刻通り
aikataulun mukaan
アイカタウルン ムカーン

遅れる
myöhästyy
ミュオハストゥー

入口
sisäänkäynti
シサーン キャウェンティ

出口
uloskäynti
ウロス キャウェンティ

時刻表
aikataulu
アイカタウル

チェックイン
lähtöselvitys
ラハトセルヴィトゥス

どこから出発しますか?
Mistä se lähtee?
ミスタ セ ラハテー

ヘルシンキで降りたいのですが
Haluaisin jäädä pois Helsingissä
ハルアイシン ヤーダ ポイス ヘルシンギッサ

どこでタクシーに乗れますか?
Mistä voin nousta taksiin?
ミスタ ヴォイン ノウスタ タクシーン

どこに行きますか?
Mihin olet menossa?
ミヒン オレット メノッサ

荷物がたくさんあるのですが
Minulla on paljon tavaroita
ミヌッラ オン パリヨン タヴァロイタ

ここで降ります
Jään pois tässä
ヤーン ポイス タッサ

借りる

~はどこで借りられますか?
Mistä voin vuokrata ~?
ミスタ ヴォイン ヴオクラタ

車を1台借りたい
Haluan vuokrata auton
ハルアン ヴオクラタ アウトン

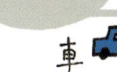

車
auton
アウトン

バイク
moottoripyörän
モーットリピュオラン

自転車
polkupyörän
ポルクピュオラン

国際免許
kansainvälinen ajokortti
カンサインヴァリネン アヨコルッティ

オートマ
automaatti-vaihteet
アウトマーッティ ヴァイヒテートゥ

マニュアル
manuaali-vaihteet
マヌアーリ ヴァイヒテートゥ

ガソリン
bensiini
ベンシーニ

保険
vakuutus
ヴァクートゥス

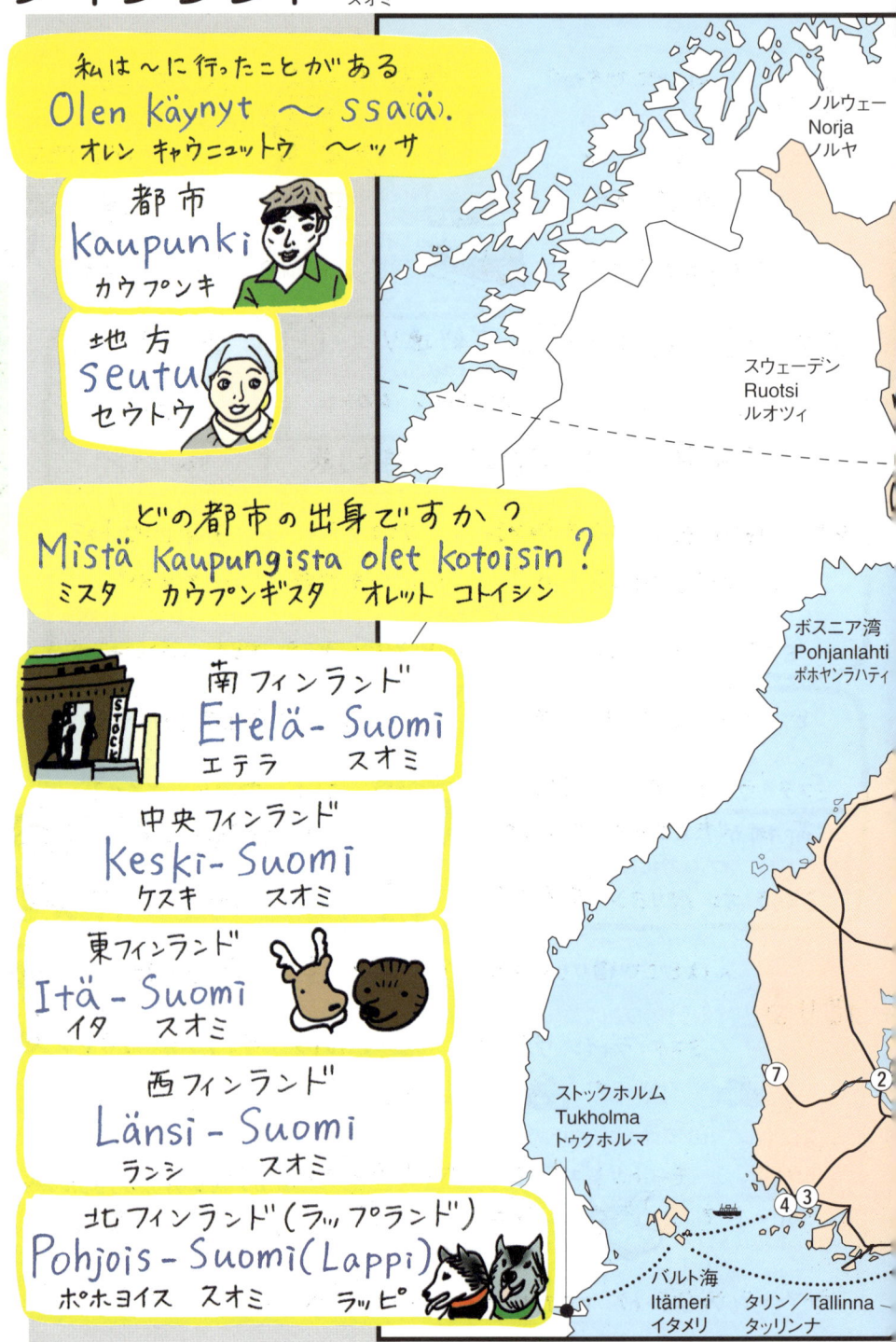

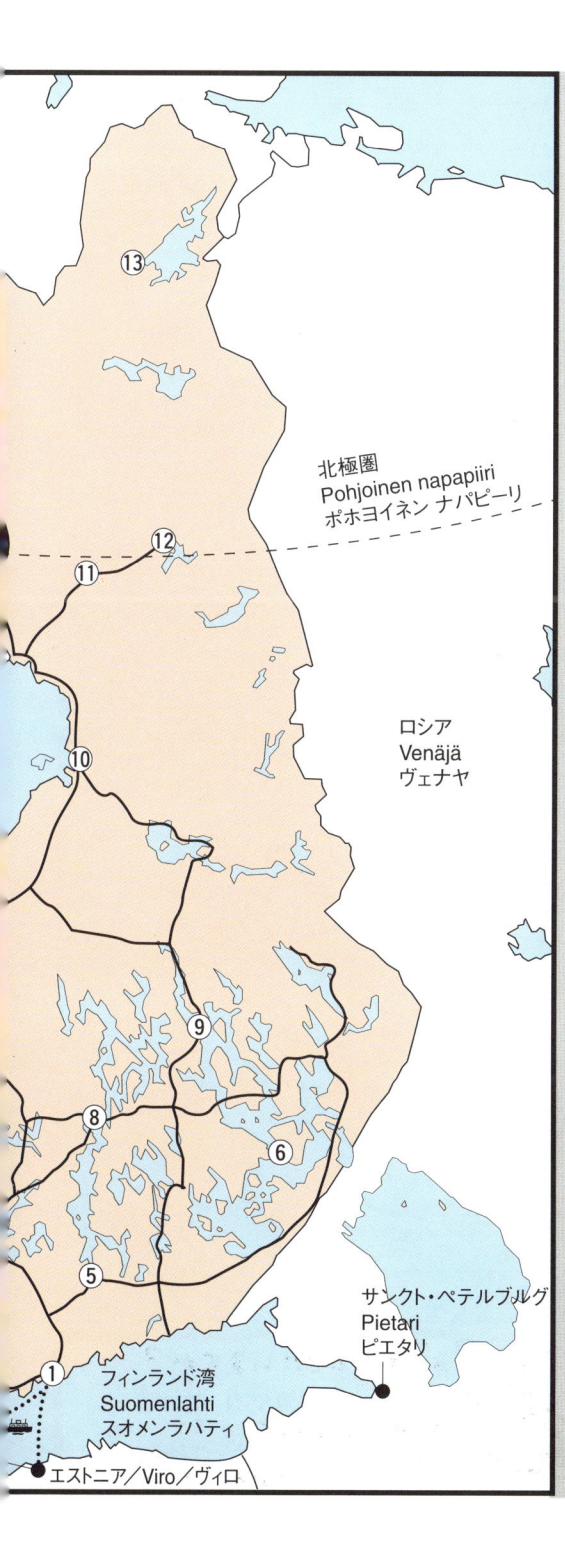

① ヘルシンキ
Helsinki

② タンペレ
Tampere

③ トゥルク
Turku

④ ナーンタリ
Naantali

⑤ ラハティ
Lahti

⑥ サヴォンリンナ
Savonlinna

⑦ ポリ
Pori

⑧ ユヴァスキュラ
Jyväskylä

⑨ クオピオ
Kuopio

⑩ オウル
Oulu

⑪ ロヴァニエミ
Rovaniemi

⑫ ケミヤルヴィ
Kemijärvi

⑬ イナリ
Inari

北極圏
Pohjoinen napapiiri
ポホヨイネン ナパピーリ

ロシア
Venäjä
ヴェナヤ

サンクト・ペテルブルグ
Pietari
ピエタリ

フィンランド湾
Suomenlahti
スオメンラハティ

エストニア／Viro／ヴィロ

フィンランド

移動　数字・買物　時間　食事　観光　文化　家・人　トラブル　その他

ヘルシンキ Helsinki
ヘルシンキ

あいさつ / 移動 / Helsinki

~に行きたいのですが
Haluaisin mennä~
ハルアイシン　メンナ

私は今どこにいますか？
Missä paikassa minä nyt olen?
ミッサ　パイカッサ　ミナ　ニュトゥ　オレン

※ピンクの線で表したトラム(3T・3B)は、観光名所を通りながら街の中心を一周しているので、オススメです。ぶらり途中下車の旅にどうぞ。

~はどこですか？
Missä on ~?
ミッサ オン

① オリンピックスタジアム
OlympiaStadion
オリュンピアスタディオン

② シベリウス公園
Sibeliuksen puisto
シベリウクセン プイスト

③ 国立オペラ劇場
Suomen スオメン
kansallisooppera
カンサッリスオーッペラ

④ テンペリアウキオ教会
Temppeliaukion kirkko
テンッペリアウキオン キルッコ

⑤ ヘルシンキ駅
Helsingin rautatieasema
ヘルシンギン ラウタティエアセマ

⑥ アテネウム美術館
Ateneumin Taidemuseo
アテネウミン タイデムセオ

⑦ 大聖堂
Tuomiokirkko
トゥオミオキルッコ

⑧ 元老院広場
Senaatintori
セナーティントリ

⑨ フィンランディアホール
Finlandiatalo
フィンランディアタロ

⑩ ウスペンスキ寺院
Uspenskin katedraali
ウスペンスキン カテドラーリ

⑪ マーケット広場
Kauppatori
カウッパトリ

⑫ スオメンリンナ島
Suomenlinna
スオメンリンナ

⑬ 国会議事堂
Eduskuntatalo
エドゥスクンタタロ

⑭ 国立博物館
Kansallismuseo
カンサッリスムセオ

⑮ 近代美術館 キアズマ
Kiasma
キアズマ

⑯ バスターミナル
linja-autoasema
リニヤアウトアセマ

⑰ ツーリスト インフォメーション
neuvonta
ネウヴォンタ

⑱ 日本大使館
Japanin suurlähetystö
ヤパニン スールラヘトゥスト

1 マンネルヘイム通り
Mannerheimintie
マンネルヘイミンティエ

2 エスプラナーディ通り
Esplanadi *
エスプラナーディ

3 アレクサンダー通り
Aleksanterinkatu
アレクサンテリンカトゥ

ヘルシンキ

移動 / 数字・買物 / 時間 / 食事 / 観光 / 文化 / 家・人 / トラブル / その他

＊ 真ん中に公園をはさんで、南エスプラナーディ(Eteläesplanadi)と北エスプラナーディ(Pohjoisesplanadi)が平行にはしっています。有名なカフェやお店が軒を連ねています。

数字とお金 Numerot ja rahat
ヌメロトゥ ヤ ラハトゥ

 0	nolla ノッラ	
 1	yksi ウュクシ	
 2	kaksi カクシ	
 3	kolme コルメ	
 4	neljä ネリヤ	
 5	viisi ヴィーシ	
6	kuusi クーシ	
7	seitsemän セイッツェマン	
8	kahdeksan カハデクサン	
9	yhdeksän ウュフデクサン	
10	kymmenen キュンメネン	

11	yksitoista ウュクシトイスタ
12	kaksitoista カクシトイスタ
13	kolmetoista コルメトイスタ
14	neljätoista ネリヤトイスタ
15	viisitoista ヴィーシトイスタ
16	kuusitoista クーシトイスタ
17	seitsemäntoista セイッツェマントイスタ
18	kahdeksantoista カハデクサントイスタ
19	yhdeksäntoista ウュフデクサントイスタ
20	kaksikymmentä カクシキュンメンタ

35	kolmekymmentäviisi コルメキュンメンタヴィーシ
100	sata サタ
142	sataneljäkymmentäkaksi サタ ネリヤ キュンメンタ カクシ
200	kaksisataa カクシ サター
307	kolmesataaseitsemän コルメサター セイッツェマン
1000	tuhat トゥハトゥ
9001	yhdeksäntuhattayksi ウュフデクサントゥハッタンウュクシ
10000	kymmenentuhatta キュンメネントゥハッタ
100万	miljoona  ミリヨーナ
1/2	puoli プオリ
1/4	vartti ＊ ヴァルッティ
2/3	kaksi kolmas osaa カクシ コルマス オサー
0.1	nolla pilkku yksi ノッラ ピルック ウュクシ
0%	prosentti プロセンッティ

＊「yksi neljas osaa(ウュクシ ネリヤス オサー)」という言いかたもあります。

数字とお金

いくつ？ Montako? モンタコ

	○人*	○ henkilö(ä) ヘンキロ (ア)
	○回	○ kerta(a) ケルタ (ー)
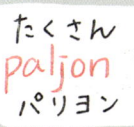	○個	○ kappale(tta) カッパレ (ッタ)
	○度（気温）	○ aste(tta) アステ (ッタ)

たくさん paljon パリヨン

少し vähän ヴァハン

現金 käteinen キャテイネン

クレジットカード luottokortti ルオットコルッティ

ユーロ euro(a) エウロ (ア)

円 jeni(ä) イェニ (ア)

紙幣 seteli セテリ

コイン kolikko コリッコ

値段 hinta ヒンタ

レート(為替) kurssi クルッシ

ユーロに両替していただけますか？
Voisitko vaihtaa euroiksi?
ヴォイシトゥコ　ヴァイヒター　エウロイクシ

小銭にかえていただけますか？
Voisitko vaihtaa kolikoiksi?
ヴォイシトゥコ　ヴァイヒター　コリコイクシ

序数 järjestysluvut ヤルィエステュスルヴトゥ

1番目	ensimmäinen	エンシンマイネン
2番目	toinen	トイネン
3番目	kolmas	コルマス
4番目	neljäs	ネリヤス
5番目	viides	ヴィーデス
6番目	kuudes	クーデス
7番目	seitsemäs	セイッツェマス
8番目	kahdeksas	カハデクサス
9番目	yhdeksäs	ウュフデクサス
10番目	kymmenes	キュンメネス
15番目	viidestoista	ヴィーデストイスタ
22番目	kahdeskymmenes-toinen	カハデスキュンメネス トイネン
31番目	kolmaskymmenes-ensimmäinen	コルマスキュンメネス エンシンマイネン

＊「1」以外の数字が入る場合は、( )内の文字も付け加えられます。例．「1henkilö」や「2henkilöä」

買い物 Ostoksilla
オストクシッラ

～はどこで買えますか？ **Mistä voin ostaa～?** ミスタ ヴォイン オスター	～はありますか？ **Onko teillä～?** オンコ テイッラ
～を買いたいのですが **Haluaisin ostaa～** ハルアイシン オスター	～を見たいのですが **Haluaisin katsoa～**  ハルアイシン カッツオア

服 **Vaatteita** →28 ヴァーテイタ	靴 **kenkiä** ケンキア	バッグ **laukkuja** ラウッグヤ	アクセサリー **koruja** コルヤ
陶器 **keramiikkaa** ケラミーッカー	ガラス製品 **lasia** ラシア	お酒 **alkoholia** アルコホリア	化粧品 **kosmetiikkaa** コスメティーッカー
雑貨 **Käyttö tavaroita** キャウット タヴァロイタ	スポーツ用 **urheiluvälineitä** ウルヘイル ヴァリネイタ	民芸品 **kotiteollisuus-tuotteita** コティテオッリスーストウオッテイタ	名産品 **maakunta-ruokia** マークンタルオキア
CD **CD** セーデー	ムーミングッズ **muumituotteita** ムーミトウオッテイタ	～と **ja** ヤ	

フィルム **filmejä** フィルメヤ	切手 **posti merkkejä** ポスティメルッケヤ	絵ハガキ **postikortteja** ポスティコルッテヤ	ミネラルウオーター **Kivennäis-vettä** キヴェンナイスヴェッタ	たばこ **tupakkaa** トウパッカー

お手伝いしましょうか？ **Voinko auttaa～?**  ヴォインコ アウッター

いいえ、結構です。見ているだけです **Ei kiitos. Minä vaan katselen.** エイ キートス ミナ ヴァーン カッツェレン	これはいくらですか？ **Paljonko tämä maksaa?** パリヨンコ タマ マクサー
これを見せていただけますか？ **Saanko katsoa tätä?**  サーンコ カッツオア タタ	これにします **Otan tämän** オタン タマン

| 開店
avoinna
アヴォインナ | 閉店
suljettu
スルイェットゥ | バーゲン
ALE!
アレ |

お店いろいろ **Kaupat** カウパトゥ

デパート **tavaratalo** タヴァラタロ	スーパー **supermarket** スペルマルケット	パン屋 **leipomo** レイポモ
薬局 **apteekki** アプテーッキ	靴屋 **kenkäkauppa** ケンキャカウッパ	本屋 **kirjakauppa** キルヤカウッパ
おみやげ屋 **matkamuisto kauppa** マトゥカムイスト カウッパ	洋服屋 **vaatekauppa** ヴァーテカウッパ	酒屋 **alko** アルコ
インテリアショップ（家具屋） **huonekalu ja sisustus liike** フオネカル ヤ シスストウス リーケ	→50	菓子屋 **Karkkikauppa** カルッキ カウッパ
アクセサリー店 **korukauppa** コルカウッパ	CD屋 **levykauppa** レビュカウッパ	電気屋 **Sähköliike** サハコリーケ

買い物

数字・買物 / 時間 / 食事 / 観光 / 文化 / 家人 / トラブル / その他

レジはどこですか？ **Missä on kassa?** ミッサ オン カッサ	カードは使えますか？ **Käykö luottokortti?** キャウコ ルオットコルッティ
レシートをいただけますか？ **Saanko kuitin?** サーンコ クイティン	免税になりますか？ **Saako tästä Tax-free kuitin?** サーコ タスタ タックスフリー クイティン

これを返品できますか？ **Voiko tämän palauttaa?** ヴォイコ タマン パラウッター	  はい **Kyllä** キュッラ
これを交換できますか？ **Voiko tämän vaihtaa?** ヴォイコ タマン ヴァイヒター	  いいえ **Ei** エイ

服と色　Vaatteet ja värit
ヴァーッテートゥ ヤ ヴァリトゥ

～はありますか？
Onko teillä ～?
オンコ ティッラ

～を探しています
Etsin ～.
エッツィン

ジャケット pikkutakkeja ピックタッケヤ	コート takkeja タッケヤ	セーター villapuseroita ヴィッラプセロイタ	トレーナー collegepaitoja コレッジパイトヤ	Tーシャツ T-paitoja テー パイトヤ
スーツ pukuja プクヤ	ワンピース mekkoja メッコヤ	ブラウス puseroita プセロイタ	シャツ paitoja パイトヤ	スカート hameita ハメイタ
ズボン housuja ホウスヤ	ジーンズ farkkuja ファルックヤ	くつ下 sukkia スッキア	ストッキング sukkahousuja スッカホウスヤ	ベルト vöitä ヴォイタ
ネクタイ solmioita ソルミオイタ	スカーフ huiveja フイヴェヤ	下着 alusvaatteita アルスヴァーッテイタ	帽子(キャップ)＊ lakkeja ラッケヤ	毛糸の帽子 pipoja ピポヤ
手袋 Käsineitä キャシネイタ	マフラー kaulaliinoja カウラリーノヤ	ブーツ saappaita サーッパイタ	靴 kenkiä ケンキア	耳あて korvalappuja コルヴァラップヤ

試着してもいいですか？
Voinko sovittaa?
ヴォインコ ソヴィッター

試着室
sovitus
ソヴィトゥス

これより～のはありますか？
Onko tätä ～?
オンコ タタ

もっと大きい isompaa イソンパー	もっと小さい pienempää ピエネンパー	もっと長い pitempää ピテンパー	もっと短い lyhyempää リュフエンパー

＊英語で言う"hat"は"hattu"(ハットゥ)といいます。

気に入りました
Pidän tästä
ピダン タスタ

色 Väri ヴァリ

他の色はありますか？
Onko muita värejä？
オンコ ムイタ ヴァレヤ

白 valkoinen ヴァルコイネン	茶 ruskea ルスケア	紫 violetti ヴィオレッティ	黒 musta ムスタ
緑 Vihreä ヴィヒレア	黄 Keltainen ケルタイネン	赤 punainen プナイネン	青 sininen シニネン

| 金 kulta クルタ | 銀 hopea ホペア | 水色 vaaleansininen ヴァーレアンシニネン | ピンク vaaleanpunainen ヴァーレアンプナイネン |

素材 materiaali マテリアーリ

この素材は何ですか？
Mitä materiaalia tämä on？
ミタ マテリアーリア タマ オン

綿 puuvilla プーヴィラ	毛 villa ヴィラ	絹 silkki シルッキ	麻 pellava ペッラヴァ
革 nahka ナハカ	合皮 keinonahka ケイノナハカ	ポリエステル polyesteri ポリュエステリ	アクリル akryyli アクリューリ

服と色

数字・買物 | 時間 | 食事 | 観光 | 文化 | 家人 | トラブル | その他

市場 Kauppatorilla
カウッパトリッラ

何にしますか？
Mitä saisi olla ?
ミタ　サイシ　オッラ

トマト 1つ	いちご 2パック	サケ切り身 3切れ
yksi tomaatti	**kaksi rasiaa mansikoita**	**kolme palaa merilohta**
ウクシ トマーッティ	カクシ ラシアー マンシコイタ	コルメ パラー メリロホタ

他に何か？	ひき肉 400g	
Mitä muuta?	**jauhelihaa neljäsataa grammaa**	
ミタ　ムータ	ヤウヘリハー　ネリヤサター　グランマー	

それで全部です	袋をいただけますか？
Siinä kaikki	**Saisinko pussin ?**
シーナ　カイッキ	サイシンコ　プッシン

果物 **hedelmä** ヘデルマ ＊

いちご	ブルーベリー	ラズベリー	クランベリー	クラウドベリー
mansikka	**mustikka**	**vadelma**	**karpalo**	**lakka**
マンシッカ	ムスティッカ	ヴァデルマ	カルパロ	ラッカ
洋なし	オレンジ	バナナ	パイナップル	すぐり
päärynä	**appelsiini**	**banaani**	**ananas**	**viinimarja**
パーリュナ	アッペルシーニ	バナーニ	アナナス	ヴィーニマルヤ
レモン	メロン	プラム	こけもも	もも
sitruuna	**meloni**	**luumu**	**puolukka**	**persikka**
シトゥルーナ	メロニ	ルーム	プオルッカ	ペルシッカ
りんご	ぶどう	あんず	グレープフルーツ	すいか
omena	**viinirypäleet**	**aprikoosi**	**greippi**	**vesimeloni**
オメナ	ヴィーニリュパレートゥ	アプリコーシ	グレイッピ	ヴェシメロニ

＊フィンランド人にとって、果物とベリー類はまったく別物です。上の表で、地に色のついているものはベリー類。

肉 liha リハ

牛肉 naudanliha ナウダンリハ	トナカイ肉 poronliha ポロンリハ	ソーセージ makkara マッカラ
豚肉 sianliha シアンリハ	仔牛の肉 vasikanliha ヴァシカンリハ	ハム kinkku キンック
鳥肉 broileri ブロイレリ	ひき肉 jauheliha ヤウヘリハ	ウィンナー nakki ナッキ

その他 muut ムートゥ

はちみつ hunaja フナヤ	チーズ juusto ユースト
ジャム hillo ヒッロ	たまご kananmuna カナンムナ
パン leipä レイパ	花 kukka クッカ

魚 kala カラ

サケ merilohi メリロヒ	ニジマス kirjolohi キルヨロヒ	ニシン silli シッリ	いわし sardiini サルディーニ	モトコクチマス muikku ムイック
バルトニシン silakka シラッカ	スズキ meriahven メリアハヴェン	いか/たこ mustekala ムステカラ	えび katkarapu カトゥカラプ	ザリガニ rapu ラプ

野菜 vihannes ヴィハンネス

トマト tomaatti トマーッティ	玉ねぎ sipuli シプリ	長ねぎ purjosipuli プルヨシプリ	きゅうり kurkku クルック	ピーマン paprika パプリカ
にんじん porkkana ポルッカナ	じゃがいも peruna ペルナ	赤かぶ(ビーツ) punajuuri プナユーリ	ほうれん草 pinaatti ピナーッティ	キャベツ kaali カーリ
なす munakoiso ムナコイソ	キノコ sieni シエニ	ニンニク valkosipuli ヴァルコシプリ	グリンピース herne ヘルネ	サラダ菜 salaatti サラーッティ

市場

数字・買物 / 時間 / 食事 / 観光 / 文化 / 家人 / トラブル / その他

31

時間と時計 Aika ja kello
アイカ ヤ ケッロ

何時ですか？	○時です
Paljonko kello on ?	Kello on ○
パリヨンコ ケッロ オン	ケッロ オン

○時に起こして下さい
Voisitko herättää kello ○
ヴォイシトゥコ ヘラッター ケッロ

 ○時に会いましょう
Nähdään kello ○.
ナハダーン ケッロ

何時に出発しますか？
Mihin aikaan lähtee ?
ミヒン アイカーン ラハテー

 何時に始まりますか？
Moneltako se alkaa ?
モネルタコ セ アルカー

何時まで開いてますか？
Mihin saakka olette auki ?
ミヒン サーッカ オレッテ アウキ

朝	
aamu	
アーム	

昼	
päivä	
パイヴァ	

夜	
ilta	
イルタ	

夜中	
yö	
ウュオ	

午前（昼）
aamupäivä
アーム パイヴァ

午後（昼）
iltapäivä
イルタ パイヴァ

どの位（時間）かかりますか？
Kuinka kauan kestää ?
クインカ カウアン ケスター

日＊	時間	分
päivä(ä)	tunti(a)	minuutti(a)
パイヴァ(ー)	トゥンティ(ア)	ミヌーッティ(ア)
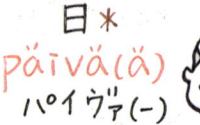		

＊「1」以外の数字が入る場合は、（ ）内の文字も付け加えられます。例．「1päivä」「2päivää」

月日と年月 Ajankulku
アヤンクルク

いつ
Milloin ?
ミッロイン

いつここに来ましたか？
Milloin tulit tänne ?
ミッロイン トゥリトゥ タンネ

～前に
～ sitten
シッテン

いつ帰りますか？
Milloin menet takaisin ?
ミッロイン メネットゥ タカイシン

～後に ＊1
～ päästä
パースタ

あなたのお誕生日はいつですか？
Milloin on sinun syntymäpäiväsi ?
ミッロイン オン シヌン シュントュマパイヴァシ

どのくらい（時間・月日）？
Kuinka kauan ?
クインカ カウアン

○日 ＊2 ○ **päivä(-ä)**
パイヴァ(ー)

○週 ○ **viikko(-a)**
ヴィーッコ(ア)

○月 ○ **kuukausi**
クーカウシ
(クーカウッタ) (-tta)

○年 ○ **vuosi(vuotta)**
ヴオシ (ヴオッタ)

→数字 24

どのくらいここにいるのですか？（今まで）
Kuinka kauan olet
クインカ カウアン オレットゥ
ollut täällä ?
オッルトゥ ターッラ

どのくらいここに滞在するのですか？（これから）
Kuinka kauan aiot viipyä täällä ?
クインカ カウアン アイオトゥ ヴィーピュア ターッラ

8.6.2002　2002年6月8日 ＊3
Kahdeksas kuudetta kaksituhattakaksi.
カハデクサス クーデッタ カクシトゥハッタカクシ

＊1 月日を表す言葉の語尾に-nが付きます。例．2日後「2päivän päästä」
＊2 「1」以外の数字が入る場合は、()内の文字も付け加えられます。例．「1päivä」「2päivää」
＊3 一般的に、日．月．年の順で言います。
　　 日にちは、序数で表わします。例．「一日（ついたち）」→「ensimmäinen päivä」、「25日」→「kahdeskymmenesviides päivä」

34

月日と年月

月曜日 maanantai マーナンタイ	火曜日 tiistai ティースタイ	水曜日 keskiviikko ケスキヴィーッコ	木曜日 torstai トルスタイ
金曜日 perjantai ペルヤンタイ	土曜日 lauantai ラウアンタイ	日曜日 sunnuntai スンヌンタイ	祝日 Pyhäpäivä ピュハパイヴァ
この前の〜に* Viime〜(-na) ヴィーメ	この〜に tänä〜(-na) タナ	今度の〜に ensi〜(-na) エンシ	次の〜に seuraavana〜(-na) セウラーヴァナ

おととい toissapäivänä トイッサパイヴァナ	昨日 eilen エイレン	今日 tänään タナーン

明日 huomenna フオメンナ	あさって ylihuomenna ウリフオメンナ

先週 viime viikolla ヴィーメ ヴィーコッラ	今週 tällä viikolla タッラ ヴィーコッラ	来週 ensi viikolla エンシ ヴィーコッラ
先月 viime kuussa ヴィーメ クーッサ	今月 tässä kuussa タッサ クーッサ	来月 ensi kuussa エンシ クーッサ
昨年 viime vuonna ヴィーメ ヴオンナ	今年 tänä vuonna タナ ヴオンナ	来年 ensi vuonna エンシ ヴオンナ

* 例.「この前の月曜日に (viime maanantaina)」

一年と天気   Vuodenajat, kuukaudet ja sää
ヴオデンアヤトゥ、クーカウデトゥ ヤ サー

卒業パーティ *1
ylioppilasjuhla
ウュリオッピラスユフラ

メーデー (5/1)
Vappu
ヴァップ

復活祭 *2
pääsiäinen
パーシアイネン

スキー休み
hiihtoloma
ヒーヒトロマ

カーモス *3
kaamos
カーモス

オーロラ
revontulet
レヴォントゥレトゥ

新年 (1/1)
uusivuosi
ウーシヴオシ

大みそか (12/31)
uudenvuodenaatto
ウーデンヴオデンアート

クリスマス (12/25)
joulu
ヨウル

暑い **kuuma** クーマ	寒い **kylmä** キュルマ
暖かい **lämmin** ランミン	涼しい **viileä** ヴィーレア

冬休み
talviloma
タルヴィロマ

5月 **toukokuu** トウコクー
4月 **huhtikuu** フフティクー
3月 **maaliskuu** マーリスクー
2月 **helmikuu** ヘルミクー
1月 **tammikuu** タンミクー
12月 **joulukuu** ヨウルクー

春
冬
季 **vuoden**（ヴオデン）
kevät ケヴァトゥ
talvi タルヴィ

*1 5月か6月に行われます。
*2 3月か4月に行われます。
*3 冬のラップランドで太陽が昇らない時期のことをいいます。英語では「Polar night」

36

一年と天気

天気

晴れ	くもり	雨
poutainen	pilvinen	sateinen
ポウタイネン	ピルヴィネン	サテイネン

白夜 yötön yö ウュオトン ウュオ

雪 lumisade ルミサデ

みぞれ räntäsade ランタサデ

天気 sää サー

いい天気 hyvä ilma ヒュヴァ イルマ

悪い天気 huono ilma フオノ イルマ

夏至祭 juhannus ユハンヌス

夏休み kesäloma ケサロマ

月・季節

- 6月 kesäkuu ケサクー
- 7月 heinäkuu ヘイナクー
- 8月 elokuu エロクー
- 9月 syyskuu シュースクー
- 10月 lokakuu ロカクー
- 11月 marraskuu マッラスクー

- 夏 kesä ケサ
- 秋 syksy シュクシュ
- 節 ajat アヤトゥ

新学期 uusi lukukausi ウーシ ルクカウシ

紅葉 ruska ルスカ

独立記念日 (12/6) itsenäisyyspäivä イッツェナイシュースパイヴァ

(12/24) クリスマスイブ jouluaatto ヨウルアーット

気温

lämpötila ランポティラ

プラス○度 ○ astetta lämmintä アステッタ ランミンタ

マイナス○度 ○ astetta pakkasta アステッタ パッカスタ

時間 | 食事 | 観光 | 文化 | 家・人 | トラブル | その他

37

食事 Syöminen
シュオミネン

朝食	昼食	夕食 *1	おやつ *2
aamiainen	lounas	päivällinen	Välipala
アーミアイネン	ロウナス	パイヴァッリネン	ヴァリパラ

レストラン	カフェ	バー
ravintola	kahvila	baari
ラヴィントラ	カハヴィラ	バーリ

お腹がすいた
Minulla on nälkä.
ミヌッラ オン ナルキャ

のどがかわいた
Minulla on jano.
ミヌッラ オン ヤノ

食事にしよう！
Mennään syömään!
メンナーン シュオマーン

お茶にしよう！
Mennään kahville!
メンナーン カハヴィッレ

何を食べたい？
Mitä sinä haluat syödä?
ミタ シナ ハルアトウ シュオダ

どこか良い食事ができる所を知っていますか？
Tiedätkö jotain hyvää ruokapaikkaa?
ティエダトゥコ ヨタイン ヒュヴァー ルオカパイッカー

フィンランド料理	日本料理	中華料理
suomalainen ruoka	japanilainen ruoka	kiinalainen ruoka
スオマライネン ルオカ	ヤパニライネン ルオカ	キーナライネン ルオカ

イタリア料理	メキシコ料理	ファーストフード
italialainen ruoka	meksikolainen ruoka	pikaruoka
イタリアライネン ルオカ	メキシコライネン ルオカ	ピカルオカ

*1 「illallinen（イッラッリネン）」とも。
*2 とにかくよく食べます。おやつ（間食）も日に数回。フィンランド人は甘いものとコーヒーが大好きなんです。

英語（日本語）のメニューはありますか？
Onko teillä englannin (japanin) kielistä ruokalistaa?
オンコ　テイッラ　エングランニン　（ヤパニン）　キエリスタ　ルオカリスター

これはどんな料理ですか？
Minkälaista ruokaa tämä on?
ミンキャライスタ　ルオカー　タマ　オン

おすすめは何ですか？
Mitä suosittelette?
ミタ　スオシッテレッテ

おいしい	すごくおいしい	まずい
hyvää ヒュヴァー	**todella hyvää** トデッラ ヒュヴァー	**pahaa** パハー

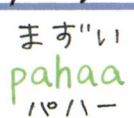

とても	少し	にがい
todella〜 トデッラ	**vähän〜** ヴァハン	**karvas** カルヴァス
甘い **makea** マケア	すっぱい **hapan** ハパン	辛い **tulinen** トゥリネン
熱い **kuuma** クーマ	冷たい **kylmä** キュルマ	しょっぱい **suolainen** スオライネン
かたい **kova** コヴァ	やわらかい **pehmeä** ペヘメア	味がない **mauton** マウトン

〜をいただけますか？
Saisinko 〜?
サイシンコ

	水	メニュー
	vettä ヴェッタ	**ruokalistan** ルオカリスタン
スプーン **lusikan** ルシカン	フォーク **haarukan** ハールカン	ナイフ **veitsen** ヴェイツェン
皿 **lautasen** ラウタセン	はし **syömäpuikot** シュオマプイコトウ	
コップ **juomalasin** ユオマラシン	グラス **lasin** ラシン	カップ **kupin** クピン
ナプキン **lautasliinan** ラウタスリーナン	灰皿 **tuhkakupin** トゥフカクピン	

食事

観光 ― 文化 ― 家人 ― トラブル ― その他

レストラン Ravintolassa
ラヴィントラッサ

こんにちは（こんばんは）、席は空いてますか？
Hei, onko teillä tilaa?
ヘイ、オンコ テイッラ ティラー

何名様ですか？
Montako henkilöä teitä on?
モンタコ ヘンキロア テイタ オン

○人です
O henkilö(ä)
ヘンキロ(ア)

すみません、注文お願いします
Anteeksi, saisinko tehdä tilauksen?
アンテークシ サイシンコ テヘダ ティラウクセン

ご注文はお決まりですか？
Oletteko jo päättäneet mitä te otatte?
オレッテコ ヨ パーッタネートゥ ミタ テ オタッテ

はい
Kyllä
キュッラ

もう少し考えます
Mietin vähän
ミエティン ヴァハン

よいお食事を！（どうぞ召し上がれ！）
Hyvää ruokahalua!
ヒュヴァー ルオカハルア

ありがとう
Kiitos.
キートス

| 前菜 **alkupalat** アルクパラトゥ | スープ **keitot** ケイトゥ | サラダ **salaatit** サラーティトゥ | メインディッシュ **pääruuat** パールーアトウ |
| 魚料理 **kalaruuat** カラルーアトウ | 肉料理 **liharuuat** リハルーアトウ | デザート **jälkiruuat** ヤルキルーアトウ | 飲み物 **juomat** ユオマトゥ |

肉 liha リハ

牛肉 naudanliha ナウダンリハ	トナカイの肉 poronliha ポロンリハ
豚肉 sianliha シアンリハ	へら鹿の肉 hirvenliha ヒルヴェンリハ
鳥肉 broileri ブロイレリ	羊肉 lampaanliha ランパーンリハ

魚 kala カラ

サケ merilohi メリロヒ	タラ turska トゥルスカ
ニジマス kirjolohi キルヨロヒ	淡水白身魚 kuha/hauki クハ／ハウキ
ニシン silli シッリ	いわし sardiini サルディーニ

ポテト peruna ペルナ	ライス riisi リーシ	パン leipä レイパ	ヌードル nuudeli ヌーデリ

炒めた paistettu(a) パイステットゥ(ア)	グリルした grillattu(a) グリッラットゥ(ア)	揚げた friteerattu(a) フリテーラットゥ(ア)	煮た keitetty(ä) ケイテットュ(ア)

おいしかったですか？ Maistuiko? マイストゥイコ	とても おいしかったです Oli oikein hyvää オリ オイケイン ヒュヴァー

塩 suola(a) スオラ(ー)	砂糖 sokeri(a) ソケリ(ア)
こしょう pippuri(a) ピップリ(ア)	バター voi(ta) ヴォイ(タ)

お会計していただけますか？ Saisinko laskun? サイシンコ ラスクン	
別々に erikseen エリクセーン	一緒に yhteen ウフテーン

レストラン

食事 / 観光 / 文化 / 家・人 / トラブル / その他

郷土料理 Perinteiset ruuat
ペリンテイセトゥ ルーアトゥ

> フィンランドの郷土料理は何ですか？
> Mikä on perinteistä suomalaista ruokaa ?
> ミキャ オン ペリンテイスタ スオマライスタ ルオカー

トナカイスープ **poronlihakeitto** ポロンリハケイット	トナカインテー **poronkäristys** ポロンキャリストュス	ヘラ鹿のロースト **hirvenpaahtopaisti** ヒルヴェンパーハトパイスティ
サーモンスープ **lohikeitto** ロヒケイット	淡水白身魚のムニエル **paistettu Kuha** パイステットゥ クハ	カラクッコ ✴ **kalakukko** カラクッコ
グリンピースのスープ **hernekeitto** ヘルネ ケイット	ゆでた ザリガニ **Keitetyt ravut** ケイテトュエト ラヴトゥ	カレリヤ風シチュー **karjalanpaisti** カルヤランパイスティ
ライ麦パン **ruisleipä** ルイスレイパ	小型のロールパン **Sämpylä** サンピュラ	バゲット **patonki** パトンキ
平らなパン **rieska** リエスカ	クリスピー **näkkileipä** ナッキ レイパ	じゃがいもとライ麦の黒パン **perunalimppu** ペルナリンップ

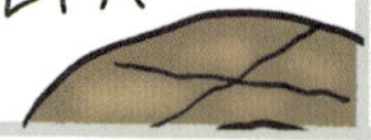

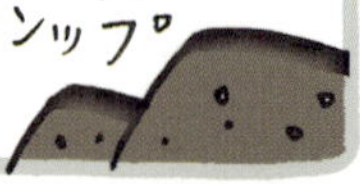

42　✴ フィンランドを代表する郷土料理。黒パンの中に小魚が入っているというなんとも不思議な食べ物です。でも、なかなかいけます。

郷土料理

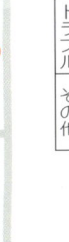

料理	フィンランド語	カタカナ
アンチョビとじゃがいものグラタン（ヤンソンさんの誘惑）	janssoninkiusaus	ヤンソンニンキウサウス
豚カツレツ	wieninleike	ヴィーニンレイケ
ロールキャベツ	kaalikääryleet	カーリキャーリュレートウ
じゃがいもとハムの炒めもの	pyttipannu	ピュッティパンヌ
モトコクチマスの炒めもの	paistetut muikut	パイステトゥト ムイクトゥ
グリルソーセージ	grillimakkara	グリッリ マッカラ
スモークサーモン	savulohi	サヴロヒ
トナカイのスモークハム	savustettu poronleike	サヴステットゥ ポロンレイケ
サラミ	meetwursti	メートゥヴルスティ
ニシンの酢づけ	etikkasilli	エティッカ シッリ
レバーのグラタン	maksalaatikko	マクサラーティッコ
レバーのソーセージ	maksamakkara	マクサマッカラ
キーセリ（ベリー類のゼリー）	kiisseli	キーッセリ
ななかまどの実のゼリー	pihlajanmarjahyytelö	ピヒラヤンマルヤヒューテロ
焼きチーズ	leipäjuusto	レイパユースト

クリスマス料理　jouluruuat　ヨウルルーアトゥ

料理	フィンランド語	カタカナ
ホット赤ワイン	glögi	グロギ
ジンジャークッキー	piparkakku	ピパルカック
クリスマスパイ	joulutorttu	ヨウルトルットゥ
牛乳粥	riisipuuro	リーシプーロ
じゃがいものグラタン	perunalaatikko	ペルナラーティッコ
人参のグラタン	porkkanalaatikko	ポルッカナラーティッコ
クリスマスハム	joulukinkku	ヨウルキンック
ビーツのサラダ＊	rosolli	ロソッリ
ニシンのマスタード和え	sinappisilli	シナッピシッリ

＊サイコロ型に細かく切った酢漬けのビーツとピクルス、茹でたにんじんとジャガイモ、リンゴ、玉ねぎをきれいに盛り付けたもの。ゆで卵をトッピングし、サワークリームとビーツの汁、調味料を和えて作ったピンク色のソースをかけたサラダ。

カフェ／バー Kahvilassa ja baarissa
カハヴィラッサ ヤ バーリッサ

〜をください　Saisinko 〜 ?
サイシンコ

| さとう Sokeria ソケリア | クリーム kermaa ケルマー | 牛乳 maitoa マイトア |

コーヒー kahvia カハヴィア	カプチーノ cappuccinoa カプチーノア	エスプレッソ espressoa エスプレッソア	カフェラテ lattea ラッテア
紅茶 teetä テータ	緑茶 vihreää teetä ヴィヒレアー テータ	ココア kaakaota カーカオタ	コーラ kokista コキスタ
オレンジジュース appelsiinimehua アッペルシーニメフア	リンゴジュース omenamehua オメナメフア	氷水 jäävettä ヤー ヴェッタ	アイスクリーム jäätelöä ヤーテロア

シナモンロール *1 korvapuusti コルヴァプースティ		菓子パン pulla プッラ	揚げドーナツ munkki ムンッキ
ペストリー viineri ヴィーネリ	マーブルケーキ tiikeri kakku ティーケリカック	ロールケーキ kääretorttu キャーレトルットゥ	キャラメルケーキ kinuski kakku キヌスキカック
カリヤランピーラッカ *2 karjalanpiirakka カリヤランピーラッカ		ブルーベリーパイ mustikkapiirakka ムスティッカピーラッカ	ミートパイ lihapiirakka リハピーラッカ

| バゲットパンのサンドイッチ täytetty patonki タウテットゥ パトンキ | オープンサンド voileipä ヴォイレイパ | サラダ salaatti サラーッティ |
| ラップ wrap ラップ | パニーニ paniini パニーニ | スープ keitto ケイト |

44　*1 フィンランド風シナモンロール。その形から「korvapuusti（パンチされた耳）」と名づけられています。
　　*2 牛乳粥が入ったパイ。バターで和えた卵を付けていただきます。意外に合うんだな、これが。

ビール olut オルトゥ

| ジョッキ tuoppi トゥオッピ *1 | グラス lasi ラシ | ビン pullo プッロ |

| ラピンクルタ LAPINKULTA ラピンクルタ | カルフ KARHU カルフ | カルヤラ KARJALA カルヤラ |

| コフ KOFF コフ | オルヴィ OLVI オルヴィ | *2 I 約2.5% III 約4.5% IV (A) 約5.5% |

| ウィスキー Viski ヴィスキ | コニャック konjakki コニャッキ | シードル siideri シーデリ | ロンケロ *3 Lonkero ロンケロ |

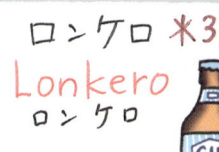

フィンランドのお酒 Suomalaiset alkoholit スオマライセトゥ アルコホリトゥ

| テルヴァスナプシ Tervasnapsi テルヴァスナプシ *4 | フィンランディア Finlandia フィンランディア |

| サルミアッキスナプシ Salmiakki snapsi サルミアッキスナプシ *5 | コスケンコルヴァ Koskenkorva コスケンコルヴァ |

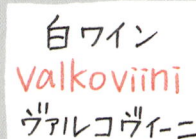

ワイン Viini ヴィーニ

| 赤ワイン punaviini プナヴィーニ | 白ワイン valkoviini ヴァルコヴィーニ |

*1 ビールの大きいサイズ(0.5リットル)を注文するなら、「pitkä(ピトゥカ)」というのが一般的。
*2 ビールはアルコール度数によって番号がふられています。味は日本のビールに近く飲みやすく、スーパーで購入可能なので、ぜひ試してください。サウナの後に飲むビールのうまさは格別です。
*3 ジンとグレープフルーツのお酒。ヘルシンキオリンピックの時に考え出されたとか。「ロンケロ」って「たこの足」のことなのですが、なぜこんな名前がつけられたのでしょう。ビールと同じようにこちらもスーパーで購入可能です。
*4 タールのお酒。独特ですが、なんだか癒される香りがします。意外や意外、タールは美容に良いとシャンプーや石鹸にも配合され、わざわざタールの香りをつけたろうそくなんていうのも売られています。
*5 フィンランドを代表するお菓子、サルミアッキ(黒いグミ)のお酒。味は…飲んでみてのお楽しみです。これが飲めれば、あなたの前世はきっとフィンランド人に違いない!?

サンタ村とサンタパーク Joulupukin Pajakylä ja Santa Park
ヨウルプキン パヤキュラ ヤ サンタ パルク

サンタクロース村
Joulupukin Pajakylä
ヨウルプキン　パヤキュラ

~はどこですか？
Missä on ～？

① サンタの部屋
Joulupukin kammari
ヨウルプキン　カンマリ

② レストラン
ravintola
ラヴィントラ

③ サンタクロース郵便局
Joulupukin postitoimisto
ヨウルプキン　ポスティトイミスト

④ ショッピング・アーケード
kauppakäytävä
カウッパキャウタヴァ

⑤ トナカイ牧場
poron karjatila
ポロン　カルヤティラ

メリークリスマス
Hyvää joulua!
ヒュヴァー ヨウルア

| サンタクロース **joulupukki** ヨウルプッキ | サンタクロースの助っ手 **tonttu** *1 トンットゥ | トナカイ **poro** ポロ |

| クリスマスツリー **joulukuusi** ヨウルクーシ | クリスマスプレゼント **joululahja** ヨウルラハヤ | クリスマス料理 **jouluruoka** ヨウルルオカ |

クリスマスカード
joulukortti
ヨウルコルッティ

*2 サンタクロースの手紙を申し込みたいのですが
Tilaisin joulupukin kirjeen
ティライシン　ヨウルプキン　キルイェーン

*1 サンタクロースのお手伝いをする小人です。
*2 サンタクロースの手紙はサンタ村の郵便局はもちろん、他の郵便局でも申し込みができます。

（左側タブ）あいさつ／移動／数字・買物／時間／食事／観光
Joulupukin Pajakylä ja Santa Park

サンタパーク
Santa Park
サンタパルク

① メインゲート
Sisäänkäynti
シサーン キャウェンティ

② チケットオフィス
lipunmyynti
リプンミューンティ

③ 赤はなのトナカイ「そり」
Poroajelu
ポロアイェル

④ サンタパークショップ
myymälä
ミューマラ

⑤ サービスエリア
Info Puoti
インフォ プオティ

⑥ クリスマスメリーゴーランド
Joulukaruselli
ヨウルカルセッリ

⑦ カフェ
kahvila
カハヴィラ

サンタ村とサンタパーク

観光 / 文化 / 家・人 / トラブル / その他

サンタパーク行きのバスはどこから出ますか？
Mistä lähtee bussi Santa Parkkiin?
ミスタ ラハテー ブッシ サンタパルッキーン

バスの時刻表をいただけますか？
Saisinko bussin aikataulun?
サイシンコ ブッシン アイカタウルン

入場券はいくらですか？
Paljonko pääsylippu maksaa?
パリヨンコ パーシュリップ マクサー

大人
aikuiset
アイクイセトゥ

子供
lapset
ラプセトゥ

サンタクロースと写真を撮りたいのですが
Haluaisin ottaa valokuvan joulupukin kanssa.
ハルアイシン オッター ヴァロクヴァン ヨウルプキン カンッサ

ムーミンワールド Muumimaailma
ムーミマーイルマ

① 切符売り場 **lipunmyynti** リプンミューンティ

② 迷路 **Sokkelo** ソッケロ

③ ムーミンの家 **Muumitalo** ムーミタロ

④ エンマ劇場 **Teatteri Emma** テアッテリ エンマ

⑤ ムーミン郵便局 **Muumiposti** ムーミポスティ

スニフのブティック **Nipsun boutique** ニプスン ブティック

⑥ ムーミンパパの船 **Muumipapan laiva** ムーミパパン ライヴァ

⑦ ヘムレンさんのコテージ **Hemulintalo** ヘムリンタロ

⑧ 海水浴ビーチ **uimaranta** ウイマランタ

Naantali

あいさつ / 移動 / 数字・買物 / 時間 / 食事 / 観光

Muumimaailma

⑨ アドベンチャー・アイランド行きの水上バス乗り場
laituri Väskin seikkailusaareen
ライトウリ ヴァスキン セイッカイルサーレーン

ムーミンワールドへはどのように行きますか？
Miten pääsee Muumimaailmaan ?
ミテン パーセー ムーミマーイルマーン

48

スーパーチケットを1枚 おねがいします
Saanko yhden Superrannekken?
サーンコ　ウュフデン　スペルランネケン

基本料 *	スーパーチケット	パーティチケット
Perusranneke	**Superranneke**	**Juhlaranneke**
ペルスランネケ	スペルランネケ	ユフラランネケ

ムーミンと一緒に写真を撮っていいですか？
Saanko ottaa Muumin kanssa yhdessä kuvan?
サーンコ　オッター　ムーミン　カンッサ　ウュフデッサ　クヴァン

握手して！
Saanko kätellä?
サーンコ　キャテッラ

ムーミンワールド

観光／文化／家・人／トラブル／その他

ムーミン **Muumi** ムーミ	トーヴェ ヤンソン **Tove Jansson**

ムーミントロール	ムーミンパパ	ムーミンママ	フローレン
Muumipeikko	**Muumipappa**	**Muumimamma**	**Niiskuneiti**
ムーミペイッコ	ムーミパッパ	ムーミマンマ	ニースクネイティ

スナフキン	スニフ	ちびのミィ	ミムラねえさん
Nuuskamuikkunen	**Nipsu**	**pikku Myy**	**Mymmeli**
ヌースカムイックネン	ニプス	ピック ミュー	ミュンメリ

ニョロニョロ	スノーク	おしゃまさん	ヘムレン
Hattivatit	**Niisku**	**Tuu-tikki**	**Hemuli**
ハッティヴァティトゥ	ニースク	トゥーティッキ	ヘムリ

エンマ	モラン	ヨクサル	ロッドユール
Emma	**Mörkö**	**Juksu**	**Hosuli**
エンマ	モルコ	ユクス	ホスリ

＊チケットは紙製のブレスレットになっています。

デザイン Muotoilu
ムオトイル

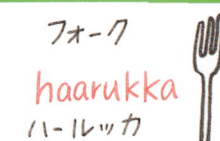

食器	ワイングラス	ビールグラス	コップ
astiat	viinilasi	olutlasi	juomalasi
アスティアトゥ	ヴィーニラシ	オルトゥラシ	ユオマラシ

カラフェ	お皿	深皿	ボール
karahvi	lautanen	syvälautanen	kulho
カラフヴィ	ラウタネン	シュヴァラウタネン	クルホ

ティーカップ	コーヒーカップ	マグカップ	ポット
teekuppi	kahvikuppi	muki	kannu
テークッピ	カハヴィクッピ	ムキ	カンヌ

ナイフ	フォーク	スプーン	ティースプーン
veitsi	haarukka	lusikka	teelusikka
ヴェイツィ	ハールッカ	ルシッカ	テールシッカ

アラビア	イッタラ	マリメッコ	カレワラコル
Arabia	Iittala	Marimekko	kalevala koru

ノキア	リナックス	アルヴァル・アールト
Nokia	Linux	Alvar Aalto
	リヌクス	

パンフレットを いただけますか？
Saisinko esitteen?
サイシンコ　エシッテーン

これは日本でも売っていますか？
Onko tätä myynnissä Japanissakin?
オンコ　タタ　ミューンニッサ　ヤパニッサキン

左側タブ: あいさつ / 移動 / 数字・買物 / 時間 / 食事 / 観光 / 文化 / Muotoilu

デザイン

- 窓 **ikkuna** イックナ
- イス **tuoli** トゥオリ
- タペストリー **seinävaate** セイナヴァーテ
- コンピューター **tietokone** ティエトコネ
- ラジエーター **lämpöpatteri** ランポ パッテリ
- 携帯電話 **kännykkä** キャンニュッキャ
- ワゴン **tarjoilupöytä** タルヨイルポウュタ
- アームチェア **nojatuoli** ノヤトゥオリ
- ろうそく **kynttilä** キュンッティラ
- 花びん **maljakko** マルヤッコ
- テーブル **pöytä** ポウュタ
- テーブルクロス **pöytäliina** ポウュタリーナ

材質は何ですか？
Mistä aineesta tämä on tehty?
ミスタ アイネースタ タマ オン テヘテュ

白樺	松	金	銀	銅
koivu コイヴ	**mänty** マントュ	**kulta** クルタ	**hopea** ホペア	**kupari** クパリ

文化 / 家人 / トラブル / その他

スポーツ Urheilu
ウルヘイル

何かスポーツをしますか？	スポーツは何が好きですか？
Harrastatko jotain urheilua?	Mistä urheilulajista sinä pidät ?
ハッラスタトゥコ　ヨタイン　ウルヘイルア	ミスタ　ウルヘイルライスタ　シナ　ピダトゥ

あなたの国では何のスポーツが一番人気ですか？
Mikä urheilulaji on suosituin sinun maassasi ?
ミカ　ウルヘイルライ　オン　スオシトウイン　シヌン　マーッサシ

あいさつ / 移動 / 数字・買物 / 時間 / 食事 / 観光 / 花

Urheilu

アイスホッケー	インドアホッケー	サッカー	野球
jääkiekko	Salibandy	jalkapallo	baseball
ヤーキエッコ	サリバンデュ	ヤルカパッロ	ベイスボール
ペサパッロ ✱	バスケットボール	バレーボール	スキー
pesäpallo	Koripallo	lentopallo	laskettelu
ペサパッロ	コリパッロ	レントパッロ	ラスケッテル
スキージャンプ	スノーボード	クロスカントリー	ゴルフ
mäkihyppy	lumilautailu	hiihto	golf
マキヒュッピュ	ルミラウタイル	ヒーヒト	ゴルフ
F1	ラリー	テニス	柔道
formula 1	ralli	tennis	judo
フォルムラ ウェッコネン	ラッリ	テンニス	ユド

試合	勝利	敗北	引き分け
ottelu	voitto	häviö	tasapeli
オッテル	ヴォイット	ハヴィオ	タサペリ

がんばれ！	いいぞー！	いけ〜！	ブー！
Tsemppiä!	Hyvä〜!	Anna mennä!	Buu!
ツェンッピア	ヒュヴァ	アンナ　メンナ	ブー

52　✱ 20世紀の初め頃、ラウリ・タハコ氏によって始められたフィンランド式の野球のことです。人気のあるスポーツのひとつです。
日本にもペサパッロのチームがあるって知っていましたか？

ホッケーチーム jääkiekon joukkueet
ヤーキエコン ヨウックエートゥ

Espoo Blues エスポー ブルース	**JYP** イーウェーペー **Hockey Team** ホッケィ ティーム	**Rauman** ラウマン **Lukko** ルッコ
Helsingin IFK ヘルシンギン イーエフコー	**Oulun** オウルン **Kärpät** キャルパトゥ	**Saimaan** サイマーン **Pallo** パッロ
Hämeenlinnan ハメーン リンナン **Pallokerho** パッロ ケルホ	**Pelicans** ペリカンズ	**Tampereen** タンペレーン **Tappara** タッパラ
Ilves イルヴェス	**Porin Ässät** ポリン アッサトゥ	**Turun** トゥルン **Palloseura** パッロセウラ
Jokerit ヨケリトゥ	どのチームが好きですか？ **Mistä joukkueesta sinä pidät ?** ミスタ ヨウックエースタ シナ ピダトゥ	

アイスホッケーの試合のチケットはどこで買えますか？
Missä myydään jääkiekko-ottelulippuja ?
ミッサ ミューダーン ヤーキエッコ オッテルリップヤ

スポーツ

Mika Häkkinen ミカ ハッキネン *F1*	**Mika Salo** ミカ サロ *F1*	**Kimi Räikkönen** キミ ライッコネン *F1*
Jari Litmanen ヤリ リトマネン *サッカー*	**Tommi Mäkinen** トンミ マキネン *ラリー*	**Teemu Selänne** テーム セランネ *アイスホッケー*
Janne Lahtela ヤンネ ラハテラ *モーグル*	**Matti Nykänen** マッティ ニュカネン *スキージャンプ*	**Paavo Nurmi** ＊ パーボ ヌルミ *陸上*

好きな選手は誰ですか？
Kenestä pelaajasta sinä pidät ?
ケネスタ ペラーヤスタ シナ ピダトゥ

文化 | 家・人 | トラブル | その他

＊ フィンランドを代表する陸上選手。1920年アントワープ、1924年パリ、1928年アムステルダム大会で活躍。なんと金メダルを9個も。オリンピックスタジアムの前に銅像があります。

音楽・映画　Musiikki ja elokuva
ムシーッキ ヤ エロクヴァ

どんな音楽が好きですか？
Millaisesta musiikista sinä pidät?
ミッライセスタ ムシーキスタ シナ ピダットウ

これは誰の曲ですか？
Kenen kappale (biisi) tämä on?
ケネン カッパレ（ビーシ）タマ オン

コンサートに行きたいです
Haluaisin mennä konserttiin
ハルアイシン メンナ コンセルッティーン

チケット(CD)はどこで買えますか？
Mistä voin ostaa lippuja (levyjä)?
ミスタ ヴォイン オスター リップヤ（レヴュヤ）

ロック	ポップス	テクノ
rokki	pop	tekno
ロッキ	ポップ	テクノ

クラッシック	ジャズ	フォーク
klassinen	jatsi	kansanmusiikki
クラッシネン	ヤッツィ	カンサンムシーッキ

好きなアーティストは誰？
Kuka on lempiartistisi?
クカ オン レンピアルティスティシ

ナイロンビート	ハノイロックス	ラスムス
Nylon Beat	Hanoi Rocks	Rasmus

ウルトラ ブラ	ヒム	ボムファンク エムシー
Ultra Bra	HIM	Bomfunk MC

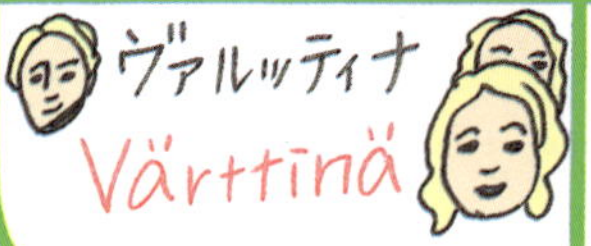

ヴァルッティナ	トリオ トウュケアトウ	シベリウス
Värttinä	Trio Töykeät	Jean Sibelius

番号	扉	列	席
numero	ovi	rivi	paikka
ヌメロ	オヴィ	リヴィ	パイッカ

どんな映画が好き？ Minkä tyyppisestä elokuvasta sinä pidät?
ミンキャ トゥーッピセスタ エロクバスタ シナ ピダトゥ

コメディー komedia コメディア	アクション toiminta トイミンタ	ラブロマンス romantiikka ロマンティーッカ
ホラー kauhu カウフ	フィンランド映画 Suomalainen elokuva スオマライネン エロクヴァ	日本映画 japanilainen elokuva ヤパニライネン エロクヴァ

*1 アキ カウリスマキ Aki Kaurismäki — レニングラード・カウボーイズ・ゴー・アメリカ Leningrad Cowboys Go America

レニー ハーリン Renny Harlin — ダイ・ハード2 DIE HARD 2

ミカ カウリスマキ Mika Kaurismäki — ゴー ゴー LA GO! GO! LA

*2 カティ オウティネン Kati Outinen — ピーター フランツェン Peter Franzén

上映スケジュール表をください
Saanko elokuvien näytösaikataulun?
サーンコ エロクヴィエン ナユトゥスアイカタウルン

どの辺の席がよいですか？ Minkä paikan haluatte? ミンキャ パイカン ハルアッテ	前 edestä エデスタ	中 Keskeltä ケスケルタ	後 takaa タカー

何時に始まりますか？
Mihin aikaan se alkaa?
ミヒン アイカーン セ アルカー

音楽・映画 | 文化 | 家人 | トラブル | その他

*1 フィンランドを代表する映画監督。ミカ カウリスマキは実弟です。2002年の第55回カンヌ国際映画祭で、彼の『過去のない男 (The Man Without a Past)』が、グランプリを受賞。日本では2003年春に公開され、ロングランヒット！
*2 アキ カウリスマキの映画には常連の女優。『過去のない男』にも出演し、同じくカンヌで主演女優賞を受賞しました。

サウナ Sauna
サウナ

サウナに入りたいのですが？	サウナは好きですか？
Haluaisin mennä saunaan	Tykkäätkö saunasta?
ハルアイシン　メンナ　サウナーン	トゥッキャートゥコ　サウナスタ

このホテルにサウナはありますか？
Onko tässä hotellissa sauna?
オンコ　タッサ　ホテッリッサ　サウナ

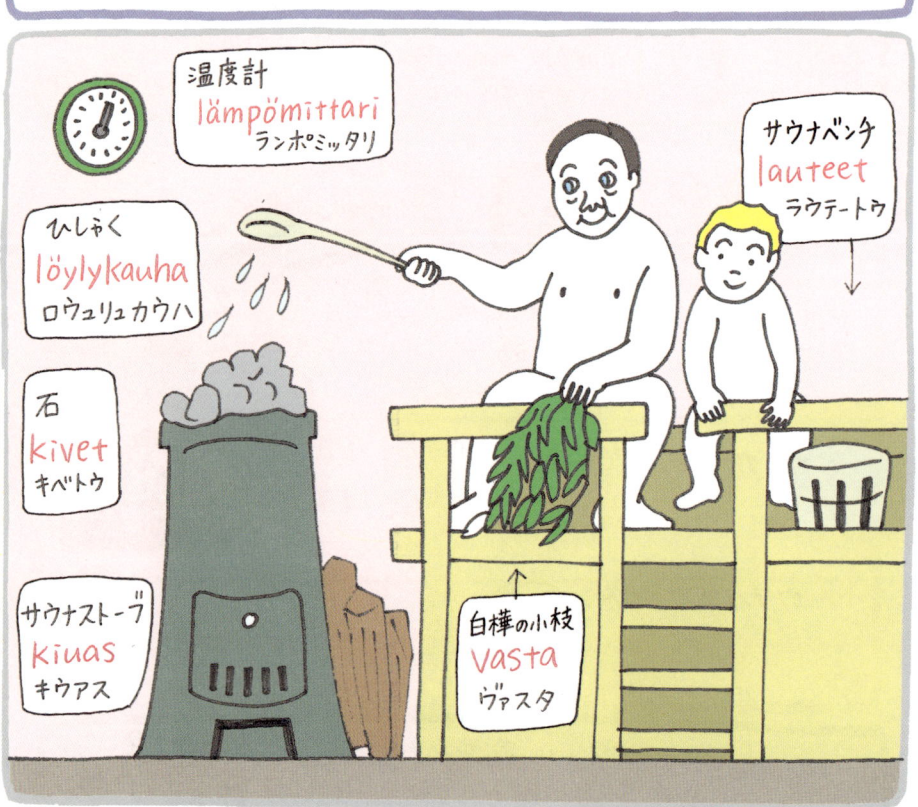

- 温度計 **lämpömittari** ランポミッタリ
- ひしゃく **löylykauha** ロウュリュカウハ
- 石 **kivet** キベトゥ
- サウナストーブ **kiuas** キウアス
- サウナベンチ **lauteet** ラウテートゥ
- 白樺の小枝 **vasta** ヴァスタ

もう少し熱くしても（水をかけても）いいですか？
Saanko heittää lisää löylyä?
サーンコ　ヘイッター　リサー　ロウュリュア

温度	汗	脱衣所	洗い場
lämpötila	hiki	pukuhuone	pesuhuone
ランポティラ	ヒキ	プクフオネ	ペスフオネ

あいさつ / 移動 / 数字・買物 / 時間 / 食事 / 観光 / 文化

Sauna

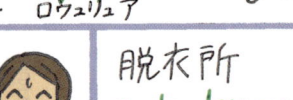

56

夏

冬

サウナ

週にどのくらいサウナに入りますか？
Kuinka monta kertaa viikossa käyt saunassa?
クインカ　モンタ　　　ケルター　ヴィーコッサ　キャウトゥ　サウナッサ

電気サウナ	スモークサウナ	薪サウナ
Sähkö sauna	**savusauna**	**puusauna**
サハコサウナ	サヴサウナ	プーサウナ

文化 / 家・人 / トラブル / その他

※ サウナの後のビールがうまい！ 湖のほとりのあるサウナ小屋では、夏はそのまま湖に飛び込んだり、冬は凍った湖に avanto（アヴァント）と言われる穴をあけ、つかったりします。

日本の文化 Japanilainen kulttuuri
ヤパニライネン クルットゥーリ

日本について何か知っていますか？
Tiedätkö jotain Japanista?
ティエダトゥコ ヨタイン ヤパニスタ

日本に興味はありますか？
Oletko kiinnostunut Japanista?
オレトゥコ キーンノストゥヌトゥ ヤパニスタ

〜はフィンランドにありますか？
Onko Suomessa 〜 ?
オンコ スオメッサ

*

すし **sushi/-a** スシ	天ぷら **tempura/-a** テンプラ	日本酒 **sake/a** サケ	おはし **Syömäpuikot** シュオマプイコトゥ **Syömäpuikkoja** シュオマプイッコヤ
緑茶 **vihreä tee** ヴィヒレア テー **vihreää teetä** ヴィヒレアー テータ	海苔 **merilevä/-ä** メリレヴァ	みそ汁 **misokeitto/-a** ミソケイット	インスタントラーメン **pikanuudeli/-a** ピカヌーデリ
着物 **kimono/-ja** キモノ	芸者 **geisha** ゲイシャ **geishoja** ゲイショヤ	盆栽 **bonsai/-ta** ボンサイ	歌舞伎 **kabuki/-a** カブキ
相撲 **sumo/-a** スモ	空手 **karate/-a** カラテ	剣道 **kendo/-a** ケンド	柔道 **judo/-a** ユド
原爆 **atomipommi/-a** アトミポンミ	火山 **tulivuori/-a** トゥリヴオリ	地震 **maanjäristys** マーンヤリストゥス **maanjäristyksiä** マーンヤリストゥクシア	温泉 **kuuma lähde** クーマ ラハデ **kuumia lähteitä** クーミア ラハテイタ

それに興味があります
Olen kiinnostunut siitä.
オレン キーンノストゥヌトゥ シータ

もっと教えて下さい
Voisitko kertoa enemmän?
ヴォイシトゥコ ケルトア エネンマン

あいさつ｜移動｜数字・買物｜時間｜食事｜観光｜**文化**

Japanilainen kulttuuri

(58) * 「〜はフィンランドにありますか？」の疑問文に挿入する場合は、/(スラッシュ)以降の文字を付ける必要があります。
例.「Onko Suomessa sushia ?」

アニメ piirretty ピーッレッテュ	日本映画 japanilainen elokuva ヤパニライネン エロクヴァ	ポケモン Pokemon ポケモン
テレビゲーム機 pelikonsoli ペリコンソリ	ソニー Sony	任天堂 Nintendo
トヨタ Toyota	ホンダ Honda	ニッサン Nissan

日本語 japani ヤパニ	ひらがな hiragana ヒラガナ	カタカナ katakana カタカナ	漢字 kanji カンジ

あなたの名前を日本語で書きましょうか？
Kirjoitanko sinun nimesi japanilaisilla kirjaimilla?
キルヨイタンコ シヌン ニメシ ヤパニライシッラ キルヤイミッラ

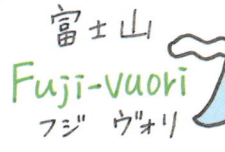

富士山 Fuji-vuori フジ ヴォリ	東京タワー Tokion torni トキオン トルニ	新幹線 Shinkansen シンカンセン
東京 Tokio トキオ	大阪 Osaka オーサカ	京都 Kioto キオト
浅草 Asakusa アサクサ	鎌倉 Kamakura カマクラ	日光 Nikko ニッコー

日本に行ったことがありますか？
Oletko käynyt Japanissa?
オレトゥコ キャウニュトゥ ヤパニッサ

日本の文化

文化 | 家・人 | トラブル | その他

家 Koti
コティ

どんな住まいに住んでますか？
Millaisessa asunnossa
ミッライセッサ　アスンノッサ
sinä asut?
シナ　アストゥ

ランプ lamppu ランップ

本棚 Kirjahylly キルヤヒュッリュ

暖炉 takka タッカ

ドア ovi オヴィ

マット matto マット

ソファ sohva ソホウァ

居間 olohuone オロフオネ

アパート kerrostalo ケッロスタロ	一軒家 Omakotitalo オマコティタロ	テラスハウス rivitalo リヴィタロ	ベランダ parveke パルヴェケ
（中）庭 (sisä) piha (シサ)ピハ	階段 raput ラプトゥ	エレベータ hissi ヒッシ	物置 komero コメロ
洗濯室 ※1 pyykkihuone ピューッキフオネ	サウナ Sauna サウナ	部屋 huone フオネ	○階 ※2 ○ kerros ケッロス

60　※1 多くのアパートには、共用の洗濯室やサウナがあります。
　　※2 序数詞を用いて表わします。例.「kolmas kerros」(3階)

台所 keittiö ケイッティオ

- 電子レンジ **mikrouuni** ミクロウーニ
- 電気コンロ **liesi** リエシ
- なべ **kattila** カッティラ
- フライパン **paistinpannu** パイスティンパンヌ
- コーヒーメーカー **kahvinkeitin** カハヴィンケィティン
- オーブン **uuni** ウーニ
- 食器洗い機 **astianpesukone** アスティアンペスコネ

浴室 kylpyhuone キュルピュフオネ

- かがみ **peili** ペイリ
- タオル **pyyhe** ピューヘ
- 洗面台 **pesuallas** ペスアッラス
- トイレ **vessa** ヴェッサ
- シャワー **suihku** スイヒク

寝室 makuuhuone マクーフオネ

- カーテン **verhot** ヴェルホト
- 写真 **valokuva** ヴァロクヴァ
- ナイトテーブル **yöpöytä** ウォポウタ
- ベッド **sänky** サンキュ
- マクラ **tyyny** テューニュ
- 敷布団 **patja** パティヤ
- 掛布団 **peitto** ペイット

家 / 家人 / トラブル / その他

家族・友だち Perhe ja ystävä
ペルヘ ヤ ウュスタヴァ

家族 perhe ペルヘ	両親 vanhemmat ヴァンヘンマトウ	父 isä イサ	母 äiti アイティ
息子 poika ポイカ	娘 tytär トゥタル	夫 mies ミエス	妻 vaimo ヴァイモ
兄弟 veljet ヴェリイェトゥ	姉妹 siskot シスコトゥ	兄 isoveli イソヴェリ	弟 pikkuveli ピックヴェリ
姉 isosisko イソシスコ	妹 pikkusisko ピックシスコ	祖父 isoisä イソイサ	祖母 isoäiti イソアイティ
曾祖父 isoisän isä (祖父方の) イソイサン イサ / isoäidin isä (祖母方の) イソアイディン イサ	曾祖母 isoisän äiti (祖父方の) イソイサン アイティ / isoäidinäiti (祖母方の) イソアイディン アイティ	おじ setä (父方の) セタ / eno (母方の) エノ	おば täti タティ
いとこ serkku セルック	子供 lapsi ラプシ	甥 veljenpoika ヴェリイェンポイカ / sisarenpoika シサレンポイカ	姪 veljentytär ヴェリイェントゥタル / sisarentytär シサレントゥタル
しゅうと appi アッピ	姑 anoppi アノッピ	赤ちゃん vauva ヴァウヴァ	親類 sukulainen スクライネン

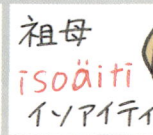

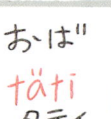

兄弟姉妹はいますか？
Onko sinulla sisaruksia?
オンコ シヌッラ シサルクシア

子供はいますか？
Onko sinulla lapsia?
オンコ シヌッラ ラプシア

私には、姉が1人弟が2人います
Minulla on 1 isosisko ja 2 pikkuveljeä
ミヌッラ オン ウュクシ イソシスコ ヤ カクシ ピックヴェリェア

私は両親と一緒に住んでいます
Minä asun vanhempieni kanssa
ミナ アスン ヴァンヘンピエニ カンッサ

友達 ystävä ウュスタヴァ	親友 paras ystävä パラス ウュスタヴァ	仲間 kaveri カベリ	私 minä ミナ	私達 me メ
彼氏 poikaystävä ポイカ ウュスタヴァ	彼女 tyttöystävä トュットョウュスタヴァ	愛人 rakastaja ラカスタヤ	あなた sinä シナ	あなた達 te テ
上司 pomo ポモ	同僚 työkaveri トュオカベリ	知人 tuttava トゥッタヴァ	彼/彼女 hän ハン	彼ら he ヘ

君、キレイだね Näytät upealta ナウュタトゥ ウペアルタ	君の瞳、素敵だね Sinulla on ihanat silmät シヌッラ オン イハナトゥ シルマトゥ
君のこと気に入ったよ Tykkään susta トュッカーン ススタ	つき合わない？ Haluatko seurustella? ハルアトゥコ セウルステッラ
あなたに興味があるわ Olen kiinnostunut sinusta オレン キーンノストゥヌトゥ シヌスタ	興味ないわ Minua ei kiinnosta ミヌア エイ キーンノスタ
愛してる？ Rakastatko? ラカスタトゥコ	心から愛しているよ Rakastan sydämestäni ラカスタン シュダメスタニ
チューして Anna pusu ♡ アンナ プス	僕の腕の中においで！ Tuu mun kainaloon! トゥー ムン カイナローン	ハニー/ダーリン kulta ♡ クルタ

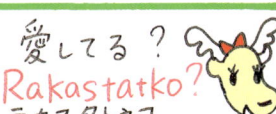

家族・友だち

家人 / トラブル / その他

恋する ihastua イハストゥア	愛する rakastaa ラカスター	キスする suudella スーデッラ	つき合う seurustella セウルステッラ	エッチする rakastella ラカステッラ

結婚する（婚約する） mennä naimisiin (kihloihin) メンナ ナイミシーン（キヒロイヒン）	離婚する 別れる erota エロタ	浮気する pettää ペッター	ケンカする riidellä リーデッラ

人の性格 Luonne
ルオンネ

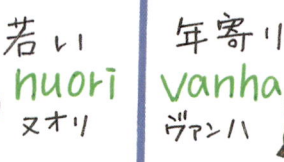

私は～です	～ではない	ぼくはハンサム
Olen ～	En ole ～	Olen komea
オレン	エン オレ	オレン コメア

あなたは～です	～ではない	私は美人
Olet ～	Et ole ～	Olen kaunis
オレトゥ	エトゥ オレ	オレン カウニス

美しい	みにくい	若い	年寄り
kaunis	ruma	nuori	vanha
カウニス	ルマ	ヌオリ	ヴァンハ

背が高い	背が低い	金持ち	貧乏
Pitkä	lyhyt	rikas	köyhä
ピトゥカ	リュヒュトゥ	リカス	コュウヘ

太っている	やせている	強い	弱い
lihava	laiha	vahva	heikko
リハヴァ	ライハ	ヴァハヴァ	ヘイッコ

大きい	小さい	かしこい	ばかな
iso	pieni	älykäs	tyhmä
イソ	ピエニ	アリュカス	トュフマ

嬉しい	幸せ	落ちこんでいる	満足している
iloinen	onnellinen	masentunut	tyytyväinen
イロイネン	オンネッリネン	マセントゥヌトゥ	トュートゥヴァイネン

悲しい	独りぼっち	怒っている	疲れている
surullinen	yksinäinen	vihainen	väsynyt
スルッリネン	ウュクシナイネン	ヴィハイネン	ヴァシュニュトゥ

日本語	フィンランド語	カタカナ
彼は/彼女はどんな人ですか？	Millainen ihminen hän on?	ミッライネン イヒミネン ハン オン
とても	tosi	トシ
彼は/彼女はわがままです	Hän on itsekäs	ハン オン イツェカス
少し	vähän	ヴァハン

日本語	フィンランド語	カタカナ
いい感じ	mukava	ムカヴァ
やな感じ	inhottava	インホッタヴァ
親切	ystävällinen	ウュスタヴァッリネン
不親切	epäystävällinen	エパウュスタヴァッリネン
楽しい	hauska	ハウスカ
つまらない	tylsä	トュルサ
勇敢な	rohkea	ロホケア
憶病者	pelkuri	ペルクリ
正直	rehellinen	レヘッリネン
うそつき	valehtelija	ヴァレヘテリヤ
楽観的	positiivinen	ポシティーヴィネン
悲観的	negatiivinen	ネガティーヴィネン
無垢な	viaton	ヴィアトン
ひねくれた	kiero	キエロ
気前のいい	antelias	アンテリアス
ケチな	kitsas	キッァス
勤勉な	ahkera	アハケラ
怠けものな	laiska	ライスカ
おしゃべりな	puhelias	プヘリアス
無口な	vähäpuheinen	ヴァハプヘイネン
暖かい	lempeä	レンペア
冷たい	kylmäkiskoinen	キュルマキスコイネン
社交的な	seurallinen	セウラッリネン
シャイな	ujo	ウヨ

人の性格

家・人 / トラブル / その他

体 Vartalo
ヴァルタロ

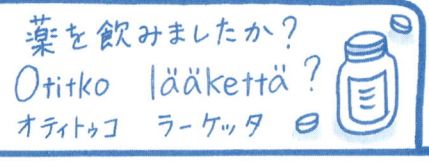

熱がある Minulla on kuumetta ミヌッラ オン クーメッタ	風邪をひいた Olen vilustunut オレン ヴィルストゥヌトゥ	気分が悪い Minulla on huono olo ミヌッラ オン フオノ オロ
めまいがする Minua pyörryttää ミヌア ピュオッリュッター	吐気がする Minua oksettaa ミヌア オクセッター	下痢をしている Minulla on ripuli ミヌッラ オン リプリ
貧血だ Minulla on anemia ミヌッラ オン アネミア	食欲がない Minulla ei ole ruokahalua ミヌッラ エイ オレ ルオカハルア	

病院に(薬局)に行きたい
Haluaisin mennä sairaalaan (apteekkiin)
ハルアイシン メンナ サイラーラーン アポテーッキーン

咳 yskä ウスキャ	鼻水 nuha ヌハ	くしゃみ aivastus アイヴァストゥス	悪寒 vilunväristys ヴィルンヴァリステュス
発疹 ihottuma イホットゥマ	やけど palovamma パロヴァンマ	傷 haava ハーヴァ	出血 verenvuoto ヴェレンヴオト
ねんざ venähdys ヴェナフデュス	打撲 ruhjevamma ルフイェヴァンマ	虫さされ hyönteisen pisto ヒュオンテイセンピスト	二日酔い krapula クラプラ

薬を飲みましたか? Otitko lääkettä? オティトゥコ ラーケッタ	急いで! Nopeasti! ノペアスティ

医者を(救急車を)呼んでいただけますか?
Voisitko kutsua lääkärin (ambulanssin)?
ヴォイシトゥコ クツア ラーカリン アンブランッシン

〜が痛い
Minulla on 〜 kipeä
ミヌッラ　オン　キペア

私は頭が痛い
Minulla on päänsärkyä
ミヌッラ　オン　パーンサルキュア

私は歯が痛い
Minulla on hammassärkyä
ミヌッラ オン ハンマスサルキュア

頭 pää パー

まつげ silmäripset シルマリプセトゥ

目	silmä シルマ
鼻	nenä ネナ
口	suu スー
耳	korva コルヴァ
首	kaula カウラ
ひじ	kyynärpää キューナルパー
手首	ranne ランネ
お腹	vatsa ヴァッツァ
おヘソ	napa ナパ
お尻	takapuoli タカプオリ
肛門	peräaukko ペラアウッコ
皮膚	iho イホ
膝	polvi ポルヴィ
脚足	jalka ヤルカ
足の指	varvas ヴァルヴァス

髪	hiukset ヒウクセトゥ
まぶた	silmäluomi シルマルオミ
眉	kulmakarvat クルマカルヴァトゥ
喉	kurkku クルック
うなじ	niska ニスカ
肩	olkapää オルカパー
わき	kainalo カイナロ
背中	selkä セルキャ
胸	rinta リンタ
腕・手	käsi キャシ
指	sormi ソルミ
つめ	kynsi キュンシ
足首	nilkka ニルッカ
かかと	kantapää カンタパー
骨	luu ルー
性器	sukupuolielimet スクプオリエリメトゥ

体

トラブル その他

67

病院 Sairaalassa
サイラーラッサ

| 具合が悪い
Olen huonovointinen
オレン フオノヴォインティネン | いつからその症状がありますか？
Milloin se alkoi?
ミッロイン セ アルコイ | ここが痛いです
Tässä on kipeä paikka
タッサ オン キペア パイッカ |

| 注射
ruiske
ルイスケ | 点滴
tiputus
ティプトゥス | 検査
tarkastus
タルカストゥス | 入院
sairaala-hoito
サイラーラホイト | 手術
leikkaus
レイッカウス |

| 肺炎
keuhkokuume
ケウフコクーメ | 糖尿病
Sokeritauti
ソケリタウティ | ぼうこう炎
virtsarakontulehdus
ヴィルツァラコントゥレフドゥス | 発作
〜kohtaus
コホタウス |

| ぜんそく
astma
アストゥマ | 結核
keuhkotauti
ケウフコタウティ | 胃かいよう
vatsahaava
ヴァッツァハーヴァ | 便秘
ummetus
ウンメトゥス |

| 盲腸炎
Umpisuolentulehdus
ウンピスオレントゥレフドゥス | 食あたり
ruokamyrkytys
ルオカミュルキュトゥス | エイズ
AIDS
アイズ |

| アレルギー体質
allerginen
アッレルギネン | 薬を飲んでいます
käytän lääkkeitä
キャウタン ラーッケイタ | 妊娠しています
Olen raskaana
オレン ラスカーナ |

血液型 veriryhmä
ヴェリリュフマ

喉	kurkku クルック
心臓	sydän シュダン
肺	keuhkot ケウフコトゥ
胃	mahalaukku マハラウック
肝臓	maksa マクサ
腎臓	munuaiset ムヌアイセトゥ
腸	suolisto スオリスト
ぼうこう	virtsarakko ヴィルツァラッコ
血管	verisuoni ヴェリスオニ
骨	luu ルー

日本語	Finnish	カタカナ
検査をします	Tehdään tarkastus	テヘダーン タルカストゥス
血	veri	ヴェリ
尿	virtsa	ヴィルツァ
便	ulostus	ウロストゥス
気分が良くなりました	Nyt on parempi olo	ニュトゥ オン パレンピ オロ
どのくらいで治りますか？	Kuinka kauan paraneminen kestää?	クインカ カウアン パラネミネン ケスター
旅行を続けられますか？	Voinko jatkaa matkaa?	ヴォインコ ヤトゥカー マトゥカー
診断書をください	Saisinko lääkärintodistuksen?	サイシンコ ラーカリントディストゥクセン
薬をもらえますか？	Saisinko lääkettä?	サイシンコ ラーケッタ
薬局	apteekki	アプテーッキ
処方せん	resepti	レセプティ
医者	lääkäri	ラーカリ
内科	sisätautilääkäri	シサタウティラーカリ
眼科	silmälääkäri	シルマラーカリ
歯医者	hammaslääkäri	ハンマスラーカリ
鎮痛剤	kipulääke	キプラーケ
解熱剤	kuumetta alentava lääke	クーメッタ アレンタヴァ ラーケ
抗生物質	antibiootti	アンティビオーッティ
1日○回	○ kerta/-a päivässä	ケルタ（ー）パイヴァッサ
毎食後飲みなさい	Otetaan aterioiden jälkeen	オテターン アテリオイデン ヤルケーン
心配ないです	Älkää olko huolissanne	アルカー オルコ フオリッサンネ
安静にして下さい	Sinun täytyy olla levossa	シヌン タウトュー オッラ レヴォッサ
〜にかかっています	Teillä on〜	テイッラ オン
明日も来て下さい	Tulkaa huomenna uudestaan	トゥルカー フオメンナ ウーデスターン

病院

トラブル その他

＊ ○の中に"1"が入る場合は「yksi kerta」、"1以外の数字"が入る場合は「○ kertaa」

トラブル Vaikeuksissa
ヴァイケウクシッサ

水（お湯）が出ない	**Ei tule vettä (kuumaa vettä)** エイ トゥレ ヴェッタ（クーマー ヴェッタ）
電気がつかない	**Valot eivät pala** ヴァロトゥ エイヴァトゥ パラ
TVがつかない	**Televisio ei toimi** テレビシオ エイ トイミ
トイレの水が流れない	**Vessa ei vedä** ヴェッサ エイ ヴェダ
部屋が寒い（暑い）です	**Huoneessa on kylmä (kuuma)** フオネーッサ オン キュルマ（クーマ）
毛布をもう1枚ください	**Saisinko yhden huovan lisää ?** サイシンコ ウュフデン フオヴァン リサー
部屋をかえて下さい	**Voinko vaihtaa huonetta ?** ヴォインコ ヴァイヒター フオネッタ
ドアが開かない（閉らない）	**Ovi ei aukea (sulkeudu)** オヴィ エイ アウケア スルケウドゥ
カギを部屋に忘れました	**Unohdin avaimen huoneeseen** ウノフディン アヴァイメン フオネーセーン
トイレットペーパー（タオル）がありません	**Huoneessa ei ole WC-paperia (Pyyhkeitä)** フオネーッサ エイ オレ ヴェーセー パペリア（ピューフケイタ）
シーツを替えてください	**Voisitko vaihtaa lakanat ?** ヴォイシトゥコ ヴァイヒター ラカナトゥ
この番号に電話していただけますか？	**Voisitko soittaa tähän numeroon ?** ヴォイシトゥコ ソイッター タハン ヌメローン

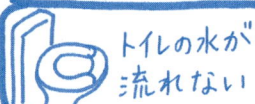

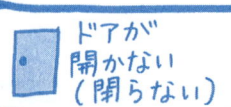

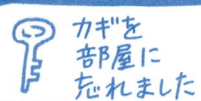

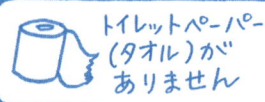

助けて！	やめて！	ドロボー！
Apua!	Lopeta!	Varas!
アプア	ロペタ	ヴァラス

事故にあった	襲われた	サギにあった
Jouduin onnettomuuteen	Minun kimppuuni hyökättiin	minua on petetty
ヨウドゥイン オンネットムーテーン	ミヌン キンップニ ヒュオカッティーン	ミヌア オン ペテットュ

～をなくしました	かばんを盗まれました
Minä hukkasin～	Minulta varastettiin laukku
ミナ フッカシン	ミヌルタ ヴァラステッティーン ラウック

お金	財布	クレジットカード
rahat	lompakon	luottokortin
ラハトゥ	ロンパコン	ルオット コルティン

パスポート	航空券	バッグ
passin	lentolipun	laukun
パッシン	レントリプン	ラウクン

警察	日本大使館	航空会社
poliisi	Japanin suurlähetystö	lentoyhtiö
ポリーシ	ヤパニン スールラヘテュスト	レントウェフティオ

盗難証明書	パスポートを再発行して下さい
tutkintapöytäkirja	Voisinko saada passista uuden painoksen?
トゥトゥキンタポウュタキルヤ	ヴォイシンコ サーダ パッシスタ ウーデン パイノクセン

落ちついて！	心配しないで
Rauhoittukaa!	Älkää olko huolissanne
ラウホイットゥカー	アルカー オルコ フオリッサンネ

もう大丈夫です ありがとう	Asia on jo selvä, kiitos
	アシア オン ヨ セルヴァ キートス

トラブル

トラブル その他

日用品 Käyttötavarat
キャウッタタヴァラトゥ

電池はどこで売ってますか？
Missä myydään paristoja?
ミッサ　ミューダーン　パリストヤ

ペンを借りられますか？
Saisinko lainata kynää?
サイシンコ　ライナタ　キュナー

地図はどこで手に入りますか？
Mistä voin saada kartan?
ミスタ　ヴォイン　サーダ　カルタン

航空券をなくしました。
Olen kadottanut lentolipun.
オレン　カドッタヌトゥ　レントリプン

パスポート	航空券	財布
passi	lentolippu	lompakko
パッシ	レントリップ	ロンパッコ

カメラ	使いすてカメラ	デジカメ	ビデオカメラ
kamera	kertakäyttökamera	digitaalikamera	videokamera
カメラ	ケルタキャウットカメラ	ディギターリカメラ	ヴィデオカメラ

フィルム	電池	地図	ガイドブック
filmi	paristo	kartta	opaskirja
フィルミ	パリスト	カルッタ	オパスキルヤ

携帯電話	腕時計	眼鏡	コンタクトレンズ
kännykkä	rannekello	silmälasit	piilolasit
キャンニュッカ	ランネケッロ	シルマラシトゥ	ピーロラシトゥ

たばこ	ライター	ばんそうこう	薬
Tupakka	sytytin	laastari	lääke
トゥパッカ	シュトゥティン	ラースタリ	ラーケ

キシリトールガム	チョコレート	*2 リコリス	*3 サルミアッキ
ksylitoli-*1 purukumi	suklaa	lakritsi	Salmiakki
クシュリトリプルクミ	スクラー	ラクリツィ	サルミアッキ

*1 日本でもおなじみのキシリトールは白樺の樹液から取れる甘味料。飴やダイエットフーズなど、いろいろな食品に使われています。
*2 ヨーロッパではよく食べられているリコリスというマメ科の甘草でできた、真っ黒な色をしたグミ。フィンランド人の大好物です。味についてはとても言葉じゃ表わせません。ぜひお試しあれ！
*3 こちらも黒い色をしたグミ。リコリスともまたちょっと違った味です。これが食べれれば、あなたもフィンランド人になれる!?

ボールペン	kuulakärkikynä	クーラキャルキキュナ
鉛筆	lyijykynä	リュイユキュナ
消しゴム	pyyhekumi	ピューヘクミ
ノート	vihko	ヴィヒコ
封筒	kirjekuori	キルイェクオリ
便箋	kirjepaperi	キルイェパペリ
のり	liima	リーマ
テープ	teippi	テイッピ
絵ハガキ	kuvapostikortti	クヴァポスティコルッティ
切手	postimerkki	ポスティメルッキ
ハサミ	sakset	サクセトゥ
紙	paperi	パペリ
本	kirja	キルヤ
雑誌	kuvalehti	クヴァレヘティ
新聞	sanomalehti	サノマレヘティ
カレンダー	kalenteri	カレンテリ
石けん	saippua	サイップア
シャンプー	shampoo	サンポー
リンス	hoitoaine	ホイトアイネ
タオル	pyyhe	ピューヘ
歯ブラシ	hammasharja	ハンマスハルヤ
歯みがきペースト	hammastahna	ハンマスタハナ
カミソリ	partaveitsi	パルタヴェイツィ
トイレットペーパー	vessapaperi	ヴェッサパペリ
洗剤	pesuaine	ペスアイネ
生理用ナプキン	terveysside	テルヴェウェスシデ
タンポン	tamponi	タンポニ
コンドーム	kondomi	コンドミ
ヘアブラシ	hiusharja	ヒウスハルヤ
爪切り	kynsileikkurit	キュンシレイックリトゥ
ティッシュペーパー	nenäliina*	ネナリーナ
化粧品	kosmetiikka	コスメティーッカ

日用品 / その他

* 日本のように箱入りではなく、ペーパーナプキンと同じようなパッケージで売られています。日本のように街で配っていることも決してありません。

動物・植物 Eläimet ja kasvit
エライメトゥ ヤ カスヴィトゥ

私は〜が好きです Pidän 〜 -sta(-stä) ピダン ースタ	→	私も好き Minäkin pidän ミナキン ピダン
私は〜が好きではありません En pidä 〜 -sta(stä) エン ピダ ースタ	→	私も好きじゃない En minäkään pidä エン ミナキャーン ピダ

あなたは？
Entä sinä?
エンタ シナ

イヌ koira コイラ	ネコ kissa キッサ	トナカイ poro ポロ	ヘラ鹿 hirvi ヒルヴィ
馬 hevonen ヘヴォネン	羊 lammas ランマス	猿 apina アピナ	ねずみ hiiri ヒーリ
ブタ sika シカ	牛 lehmä レヘマ	トラ tiikeri ティーケリ	ウサギ jänis ヤニス
ライオン leijona レイヨナ	象 elefantti エレファンッティ	熊 karhu カルフ	キツネ kettu ケットゥ
はりねずみ siili シーリ	リス orava オラヴァ	オオカミ susi スシ	ヤギ vuohi ヴオヒ
アヒル ankka アンッカ	カモメ lokki ロッキ	カラス varis ヴァリス	ヘビ käärme キャールメ

ゴキブリはフィンランド(日本)にいますか？	Onko Suomessa (Japanissa) torakoita?	オンコ スオメッサ (ヤパニッサ) トラコイタ
	いる On オン	いない Ei ole エイ オレ
フィンランド語(日本語)で何と言いますか？	Miten sanotaan suomeksi (japaniksi)?	ミテン サノターン スオメクシ (ヤパニクシ)

動物・植物

クジラ	valas	ヴァラス
イルカ	delfiini	デルフィーニ
サメ	hai	ハイ
カメ	kilpikonna	キルピコンナ
ミツバチ	mehiläinen	メヘライネン
チョウ	perhonen	ペルホネン
ゴキブリ	torakka	トラッカ
蚊	hyttynen	ヒュットュネン
花	kukka	クッカ
木	puu	プー
草	ruoho	ルオホ
葉	lehti	レヘティ
種	siemen	シエメン
白樺	koivu	コイヴ
松	mänty	マントュ
もみの木	kuusi	クーシ
やなぎ	paju	パユ
ななかまど	pihlaja	ピヒラヤ
かし	tammi	タンミ
かえで	vaahtera	ヴァーハテラ
バラ	ruusu	ルース
ひまわり	auringonkukka	アウリンゴンクッカ
すずらん	kielo	キエロ
すみれ	orvokki	オルヴォッキ

その他

75

動詞・疑問詞　Verbit ja kysymyssanat
ヴェルビトゥ ヤ キュシュミュスサナトゥ

何を Mitä ミタ	いつ Milloin ミッロイン	どこ Missä ミッサ	だれ kuka クカ	なぜ Miksi ミクシ
どうやって Miten ミテン	どのくらい Kuinka クインカ	どのような Millainen ミッライネン	いくつ Montako モンタコ	なぜなら koska コスカ

私は〜したい Haluan 〜 ハルアン	私は〜するつもりだ Aion 〜 アイオン
私は〜できる（能力的に） Osaan 〜 オサーン	私は〜できる（状況的に） Voin 〜 ヴォイン
私は〜しなければならない Minun täytyy 〜 ミヌン　タウテュー	私は〜しなくてもよい Minun ei tarvitse ミヌン　エイ　タルヴィツェ
〜してもいいですか？ Saanko 〜 ? サーンコ	〜してくれませんか？ Voitko 〜 ? ヴォイトゥコ

探す etsiä エツィア	尋ねる kysyä キュシュア	覚えている muistaa ムイスター	売る myydä ミューダ	行く mennä メンナ
見つける löytää リョウターr	答える vastata ヴァスタタ	忘れる unohtaa ウノフター	買う ostaa オスター	来る tulla トゥッラ

あいさつ　移動　数字・買物　時間　食事　観光　文化　家人　トラブル　その他

Verbit ja kysymyssanat

～する tehdä テヘダ	行って来る käydä キャウダ	歩く kävellä キャヴェッラ	走る juosta ユオスタ	泳ぐ uida ウイダ
食べる syödä シュオダ	飲む juoda ユオダ	言う sanoa サノア	話す puhua プフア	物語る kertoa ケルトア
見る*1 nähdä ナハダ	見る*2 katsoa カツォア	聞く kuunnella クーンネッラ	読む lukea ルケア	書く kirjoittaa キルヨイッター
考える ajatella アヤテッラ	思う luulla ルーッラ	知る tietää ティエター	理解する ymmärtää ウンマルター	感じる tuntea トゥンテア
笑う nauraa ナウラー	泣く itkeä イトゥケア	眠る nukkua ヌックア	目覚める herätä ヘラタ	立つ seisoa セイソア
与える antaa アンター	手に入れる saada サーダ	持って行く viedä ヴィエダ	持って来る tuoda トゥオダ	すわる istua イストゥア
教える oppia オッピア	勉強する opiskella オピスケッラ	働く työskennellä トゥウスケンネッラ	出発する lähteä ラハテア	到着する saapua サープア
信じる uskoa ウスコア	助ける auttaa アウッター	待つ odottaa オドッター	住む asua アスア	生きる elää エラー

動詞・疑問詞 その他

*1 「nähdä」は英語で言う「see」。"会う"という意味もあります。「Nähdään taas!」(また、あおうね！)
*2 「katsoa」は英語で言う「look」。眺めるという感じ。「Haluan katsoa televisiota」(テレビを見たい)

形容詞・副詞 Adjektiivit ja adverbit
アドゥイェクティーヴィトゥ ヤ アドヴェルビトゥ

それは 〜 です Se on 〜 セ オン	とても 〜 Oikein 〜 オイケイン	〜すぎる liian 〜 リーアン

大きい iso イソ	小さい pieni ピエニ	かたい kova コヴァ	やわらかい pehmeä ペヘメア
重い painava パイナヴァ	軽い kevyt ケヴュトゥ	簡単な helppo ヘルッポ	難しい vaikea ヴァイケア
厚い paksu パクス	薄い ohut オフトゥ	速い nopea ノペア	（速さ）遅い hidas ヒダス
長い pitkä ピトゥキャ	短い lyhyt リュヒュトゥ	早い aikaisin アイカイシン	（時間）遅い myöhään ミュオハーン
※広い leveä レヴェア	（幅）狭い kapea カペア	高い korkea コルケア	（高さ）低い matala マタラ
新しい uusi ウーシ	古い vanha ヴァンハ	高い kallis カッリス	（値段）安い halpa ハルパ
若い nuori ヌオリ	年とった vanha ヴァンハ	高い pitkä ピトゥカ	（身長）低い lyhyt リュヒュトゥ

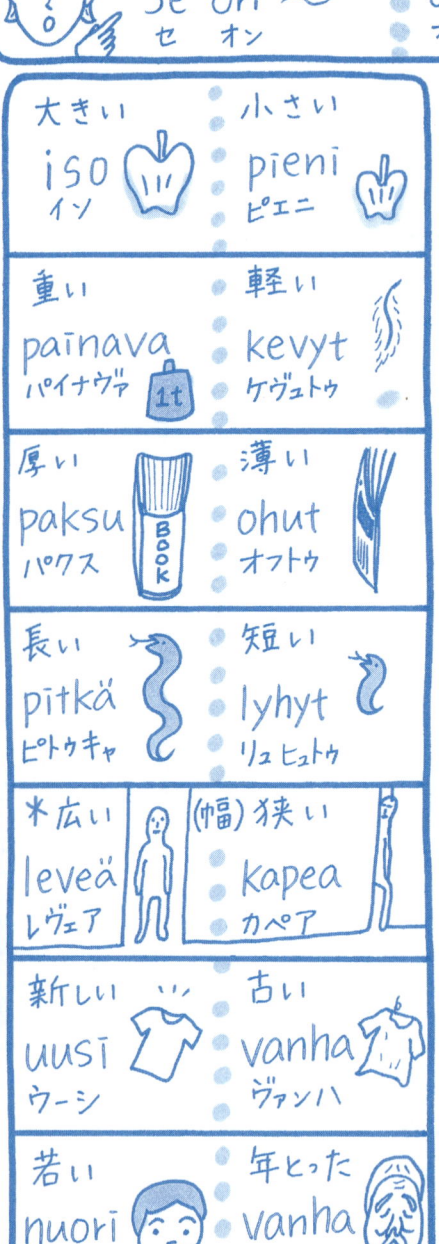

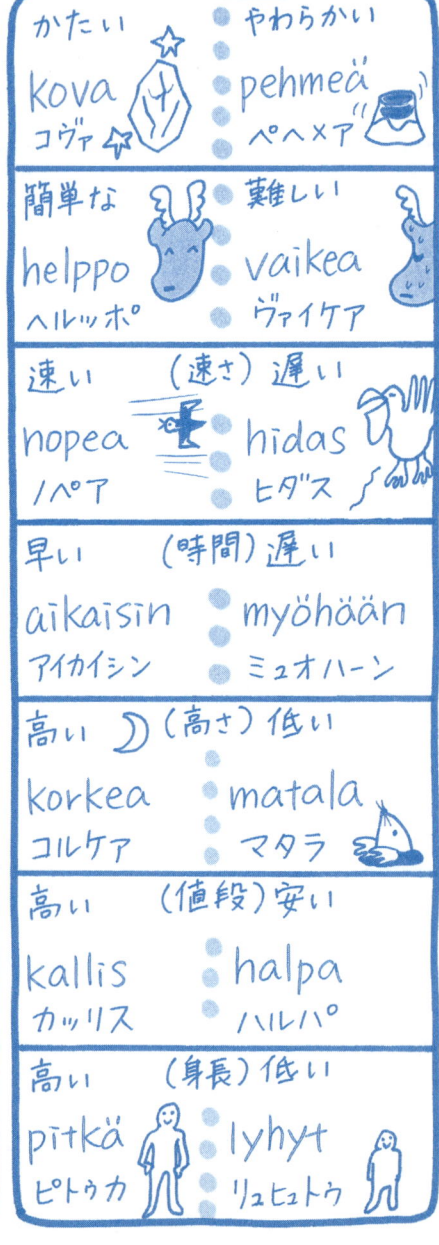

※ 部屋などの場合は、「広い」⇒「iso(大きい)」、「狭い」⇒「pieni(小さい)」

明るい Valoisa ヴァロイサ	暗い pimeä ピメア	いつも aina アイナ	ときどき joskus ヨスクス
きれいな puhdas プフダス	汚れた likainen リカイネン	しばしば usein ウセイン	たいてい tavallisesti タヴァッリセスティ
片付いた siisti シースティ	ちらかった sekainen セカイネン	前に aikaisemmin アイカイセンミン	さっき äsken アスケン
空の tyhjä テュフヤ	いっぱいの täysi タウュシ	今 nyt ニュトゥ	あとで myöhemmin ミュオヘンミン
強い vahva ヴァハヴァ	弱い heikko ヘイッコ	少し vähän ヴァハン	より少なく vähemmän ヴァヘンマン
良い hyvä ヒュヴァ	悪い huono フオノ	多い paljon パルヨン	もっといっぱい enemmän エネンマン
正しい oikea オイケア	間違った väärä ヴァーラ	一番良い paras パラス	一番悪い pahin パヒン
開いて auki アウキ	閉っている kiinni キーンニ	遠い kaukana カウカナ	近い lähellä ラヘッラ

形容詞・副詞 その他

住所を尋ねる
Vaihdetaan osoitteita
ヴァイヒデターン オソイッテイタ

あなたの〜を教えていただけますか？
Saanko sinun 〜?
サーンコ シヌン

名前	住所	電話番号	Eメールアドレス
nimesi	osoitteesi	puhelin-numerosi	Sähköposti-osoitteesi
ニメシ	オソイッテーシ	プヘリンヌメロシ	サハコポスティオソイッテーシ

〜を送ります
Lähetän sinulle 〜
ラヘタン シヌッレ

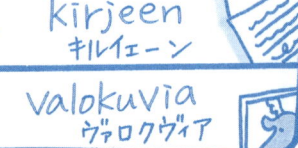

手紙	kirjeen キルイェーン
写真	valokuvia ヴァロクヴィア

手紙（Eメール）くださいね
Kirjoita minulle kirje (Sähköposti)
キルヨイタ ミヌッレ キルイェ サハコポスティ

連絡とりあおうね！
Pidetään yhteyttä!
ピデターン ウュフテウュッタ

また会おうね！
Nähdään taas!
ナハダーン タース

ここに書いてください
Voitko kirjoittaa tähän?
ヴォイトゥコ キルヨイッター タハン

第2部

フィンランドで楽しく会話するために

第2部では、超初心者向けに、
文法やコミュニケーションのコツを解説します。
話す力も、話す内容の幅も確実にワンランクアップできます。

1.フィンランド語ってどんな言葉？

　「フィンランドでは何語が話されているの？」
　フィンランドに住んでいたことがあると言うと、10人中8、9人にこう聞かれます。「フィンランド語だよ」と答えると、「ふ～ん、フィンランド語っていうのがあるんだぁ」と。最近では、日本でもカルチャーセンターなどで"フィンランド語講座"という文字を目にするようになりましたが、まだまだ日本人にとっては未知の国なんですね。

　フィンランドでは、フィンランド語とスウェーデン語が国語として定められていて、サーミ語（ラップ語）も国語に準じる言語として認定されています。
　人口の94％弱がフィンランド語を、約6％がスウェーデン語を母語としていて、道路標識や通りの名前などは、2つの言語で書かれています。

　北欧の言葉だから、スウェーデン語やノルウェー語に似ているだろうと考えられがちですが、フィンランド語はヨーロッパの大部分の言語と、文法や語彙は大きく異なっています。
　フィンランド語は、ウラル語族フィン・ウゴル語派バルト・フィン諸語の一つで、最も近い言語はエストニア語。ハンガリー語とは遠い親戚にあたります。こう聞くと、なんだかとてつもなく難しい言葉のように感じますが（確かに奥が深い言語です）、旅行先で何かを尋ねたり、キオスクで買い物をするくらいでしたら、すぐに話せるようになりますよ。
　なんてったって、

- 綴りと発音がほぼ一致している
- アクセントは常に語頭に置かれる
- 名詞の性の区別がない
- 冠詞がない
- 語順が比較的自由である
- 日本語の助詞に似た格がある

　ね？　楽勝でしょ!?
　とくに発音は、日本人にとっては非常に簡単です。外国人向けのクラスでも、日本人は発音が良いとよくほめられます。逆に英語を話す人々には難しいようで、同じクラスにいたあるアメリカ人のフィンランド語は、いつまでたっても私には英語にしか聞こえませんでした（ごめんなさい、ジム）。
　もちろん、真面目に勉強しようと思うと、

- 名詞の格変化（15格あって、しかも単数・複数で活用！）
- 動詞の活用の体系が複雑
- 他の言語なら、前置詞や代名詞などで表されるものが、接尾辞で表される

などなど、頭を悩ませる特徴もありますが、それは他の専門書にお任せするとして、ここでは、極々簡単に基本事項を紹介していきます。

2.フィンランド語について

■アルファベットと発音

　フィンランド語は、英語のアルファベット26文字に、äとöを加えた28文字を用いて表記されます（スウェーデン語で用いられるåを、zとäの間に置くこともあります）。
　これらのうち、b、c、q、w、x、z、およびåは、おもに外来語の表記に用いられます。
　母音はa、e、i、o、u、y、ä、öの8つで、長音は同じ母音字を2つ書いて表します。
　子音が2つかかれている場合は、つまる音を表します。

A a アー	B b ベー	C c セー	D d デー	E e エー	F f エフ	G g ゲー	H h ホー
I i イー	J j ユィー	K k コー	L l エル	M m エンム	N n エンヌ	O o オー	P p ペー
Q q クー	R r アル	S s エス	T t テー	U u ウー	V v ヴェー	W w カクソイスヴェー	X x エクス
Y y ウュー	Z z ツェタ	Å å オー	Ä ä アー	Ö ö オー			

　発音はカタカナで書いているとおりに読めば問題ないのですが、注意が必要なものがいくつかありますので、紹介しておきます。

[j]　　「ヤ行」
[r]　　巻き舌の「ラ行」
[y]　　唇を丸く突き出してiを発音しようとすると出る音
　　　　（この本では、「ウュ」とカナを付けています。一息に言う感じ）
[ä]　　「ア」と「エ」の間の音
　　　　（この本では、「ア」とカナを付けています）
[ö]　　唇を丸く突き出してeを発音しようとすると出る音
　　　　（この本では、「オ」とカナを付けています）

　これらの発音は、日本語で表記するのが無理なので、実際にフィンランド人に発音してもらって覚えましょう。発音が多少わるくてもちゃんと通じますので、心配しないでください。慣れると自然にできるようになります。ここでは触れませんが、フィンランド語には母音調和というスバラシイ現象があるんです。はい。

　アクセントは、つねに第一音節に置かれますので、何も考えなくて大丈夫。簡単ですね。

■語順

　平叙文の基本的語順は、「主語－動詞－目的語」です。疑問文にする場合は、動詞を疑問形（動詞のところで説明）にして、主語と入れ替えればＯＫ。

例）　平叙文：Anna rakastaa Pekkaa.（アンナはペッカを愛しています）
　　　疑問文：Rakastaako Anna Pekkaa?（アンナはペッカを愛していますか）

　ただし、存在文が「存在場所－動詞－存在するもの」となるように、一般的にかなり自由な語順をとります。

例）　存在文：Minulla on kaksi lasta.（私には子供が二人います）

　あまり考えないで、まずはセンテンスで覚えてしまってください。

■名詞

　さて、難関の名詞です。フィンランド語の名詞は、動詞との関係によって語尾が変化します。ここでは、どの形が何格だなんて覚える必要はありませんが（フィンランドで「これは日本語で何格と言うんだ」と聞かれることは決してありませんから）、どの形がどういう意味を表すかを確認してください。
　たとえば、「ホテル」はフィンランド語で「hotelli」といいますが、「私はホテルへ行きたい」という文になると、「Minä haluan mennä hotelliin.」となります。下の表の「入格」になるからです。

	単数	複数	
主格 (nominatiivi)	valo	valo-t	「光(が)」
属格 (genetiivi)	valo-n	valo-j-en	「光の」
分格 (partitiivi)	valo-a	valo-j-a	「光(を)」
対格 (akkusatiivi)	valo-n	valo-t	「光を」
様格 (essiivi)	valo-na	valo-i-na	「光として」
変格 (translatiivi)	valo-ksi	valo-i-ksi	「光に(なる)」
内格 (inessivi)	valo-ssa	valo-i-ssa	「光の中で」
出格 (elatiivi)	valo-sta	valo-i-sta	「光の中から」
入格 (illatiivi)	valo-on	valo-i-hin	「光の中へ」
接格 (adessiivi)	valo-lla	valo-i-lla	「光で」
奪格 (ablatiivi)	valo-lta	valo-i-lta	「光から」
向格 (allatiivi)	valo-lle	valo-i-lle	「光へ」
欠格 (abessiivi)	valo-tta	valo-i-tta	「光なしで」
共格 (komitatiivi)		valo-i-ne	「光とともに」
具格 (instruktiivi)		valo-i-n	「光によって」

■人称代名詞

フィンランド語の人称代名詞は次のとおりです。

1人称	minä （ミナ）私は	me （メ）私たちは
2人称	sinä （シナ）あなたは	te （テ）あなたたちは
3人称	hän （ハン）彼は／彼女は	he （ヘ）彼らは／彼女たちは

※sinäは親しい間柄で使われ、丁寧な言葉を使う間柄では、teがその代わりに使われます。しかし、近頃はほとんどの場合、sinäが使われるようです。なにしろ、先生に対しても名前を呼び捨てするくらいですから。もちろん親しみを込めてですけどね。

※hänは、「彼は」も「彼女は」も表します。私の先生は（女性でしたが）、「フィンランドは男女平等の国だからよ」と言っていました。「女性が強いから」という声も!?

と、ここまではいいのですが、厄介なことにこれらの人称代名詞も格変化をおこします。

もちろん、あなたの名前だって活用しちゃうんですよ。

主格	minä	sinä	hän	me	te	he
属格	minun	sinun	hänen	meidän	teidän	heidän
分格	minua	sinua	häntä	meitä	teitä	heitä
対格	minut	sinut	hänet	meidät	teidät	heidät
様格	minuna	sinuna	hänenä	meinä	teinä	heinä
変格	minuksi	sinuksi	häneksi	meiksi	teiksi	heiksi
内格	minussa	sinussa	hänessä	meissä	teissä	heissä
出格	minusta	sinusta	hänestä	meistä	teistä	heistä
入格	minuun	sinuun	häneen	meihin	teihin	heihin
接格	minulla	sinulla	hänellä	meillä	teillä	heillä
奪格	minulta	sinulta	häneltä	meiltä	teiltä	heiltä
向格	minulle	sinulle	hänelle	meille	teille	heille
欠格	minutta	sinutta	hänettä	meittä	teittä	heittä
共格	-	-	-	-	-	-
具格	-	-	-	-	-	-

■形容詞

形容詞は、名詞と同じ格変化をします。形容詞の数と格は、後に来る名詞の数と格に一致します。

例）Minä asun pienessä vanhassa talossa.（私は小さくて古い家に住んでいます）
　　　　　　　小さい　　古い　　家

■ 動詞

　フィンランド語では、もちろん動詞も、時制や人称によって活用します。1つの時制につき1、2、3人称、それぞれの単数、複数と6種類の活用があって、過去形だの過去完了だの受動態だの命令法だの条件法だの…。聞いただけでゾッとしてしまいますが、おかげで主語を省略できるという利点もあるんです（本文中でも、主語が省略できるところは省略してあります）。
　ここでは、よく使う動詞の現在形と過去形の活用を紹介します。

olla (ある、いる)	現在形 (単数)	(複数)	過去形 (単数)	(複数)
1人称 (私は)	olen	olemme	olin	olimme
2人称 (あなたは)	olet	olette	olit	olitte
3人称 (彼は/彼女は)	on	ovat	oli	olivat

例）(Minä) olen japanilainen.（私は日本人です）
　　(Sinä) et ole suomalainen.（あなたはフィンランド人ではありません）
　　Hän on saksalainen.（彼は／彼女はドイツ人です）
　　Minulla on poikaystävä.（私にはボーイフレンドがいます）

mennä (行く)	現在形 (単数)	(複数)	過去形 (単数)	(複数)
1人称 (私は)	menen	menemme	menin	menimme
2人称 (あなたは)	menet	menette	menit	menitte
3人称 (彼は/彼女は)	menee	menevat	meni	menivat

例）(Me) menemme Helsinkiin huomenna.（私たちは明日ヘルシンキに行きます）
　　Menitteko (te) museoon eilen?（あなたたちは昨日博物館に行きましたか）

tulla (来る)	現在形 (単数)	(複数)	過去形 (単数)	(複数)
1人称 (私は)	tulen	tulemme	tulin	tulimme
2人称 (あなたは)	tulet	tulette	tulit	tulitte
3人称 (彼は/彼女は)	tulee	tulevat	tuli	tulivat

例）(Minä) tulin Japanista.（私は日本から来ました）
　　Mikko tulee illalla.（ミッコは夕方来ます）

※ -n、-t、-mme、-tte、-vat（あるいは-vät）の語尾は、すべての動詞に共通です。
※ 現在形の否定は、動詞の前に否定辞（en、et、ei、emme、ette、eivät）を置き、単数一人称の-nを除いた語幹とで表すことができます。
　例）(Sinä) et ole suomalainen.（あなたはフィンランド人ではありません）
※ 疑問文は、-ko/-köを付加することで表すことができ、付加された語は文頭に来ます。
　例）Menittekö (te) museoon eilen?（あなたたちは昨日博物館に行きましたか）
※ 未来形は、現在形に未来をあらわす言葉をつけて表すことができます。
　例）(Me) menemme Helsinkiin huomenna.（私たちは明日ヘルシンキに行きます）

● <～したい>
haluta + 動詞の不定詞

haluta (～したい)	現在形 (単数)	(複数)	過去形 (単数)	(複数)
1人称 (私は)	haluan	haluamme	halusin	halusimme
2人称 (あなたは)	haluat	haluatte	halusit	halusitte
3人称 (彼は/彼女は)	haluaa	haluavat	halusi	halusivat

例) (Minä) haluan mennä asemalle.（私は駅に行きたい）
　　Haluatko seurustella minun kanssa?（僕と付き合いたい？→僕と付き合わない？）

● <～できる>
osata / voida + 動詞の不定詞

osata (～できる/能力的に)	現在形 (単数)	(複数)	過去形 (単数)	(複数)
1人称 (私は)	osaan	osaamme	osasin	osasimme
2人称 (あなたは)	osaat	osaatte	osasit	osasitte
3人称 (彼は/彼女は)	osaa	osaavat	osasi	osasivat

例) (Minä) osaan puhua suomea.（私はフィンランド語が話せます）

voida (～できる/状況的に)	現在形 (単数)	(複数)	過去形 (単数)	(複数)
1人称 (私は)	voin	voimme	voin	voimme
2人称 (あなたは)	voit	voitte	voit	voitte
3人称 (彼は/彼女は)	voi	voivat	voi	voivat

例) Mistä voin ostaaa junalipun?（列車の切符はどこで買えますか）

※2人称を疑問形にすることで、「～してもらえますか」の意味になります。
例) Voitko sanoa uudestaan?（もう一度言ってもらえますか）

● <～してもよい>
動詞saada（得る、手に入れる）+動詞の不定詞
例) Saanko lainata kynää?（ペンを借りてもいいですか）
　　Saat.（いいですよ）

● <～を持っている>
存在場所（-lla/-llä, -ssa/-ssä）+ on（動詞ollaの3人称単数形）+存在するもの
存在文という形で表します。状態を表す場合もあります。
例) Minulla on kolme lasta.（私は子供が3人います）
　　Liisalla on kiire.（リーサは忙しい）
　　Sinulla on jano.（あなたはのどが渇いている）
　　Hänellä on pääsärkyä.（彼／彼女は頭が痛い）
　　Huoneessa ei ole wc-paperia.（部屋にトイレットペーパーがありません）

　まだまだきりがありませんが、フィンランド語で楽しくおしゃべりする手助けになったでしょうか？　とにかく、恥ずかしがらずに話しかけてみてください。みんな親切にいろいろ教えてくれますから。
　　Puhutaan suomea!

おまけ

　フィンランド語と日本語は発音が似ているので、同じような音で違う意味の単語がたくさんあります。
　面白いものをいくつか紹介しましょう。

読みかた	フィンランド語	意味
パー	pää	頭
カニ	kani	うさぎ
シカ	sika	ぶた
スシ	susi	おおかみ
ロウバ	rouva	婦人
ハナ	hana	蛇口
メ	me	私たち
テ	te	あなたたち
ヘ	he	彼ら／彼女たち
プータロ	puutalo	木の家

　ほかにも、まだまだいろいろ…。
　アキ（Aki）や、ミカ（Mika）は男性の名前だし、パーヤネン（Paajanen）や、アホ（Aho）なんていう苗字もあります。

第3部

日本語→フィンランド語単語集

第3部では、約2500の単語を収録しています。
旅行者にとって必要度の高い言葉、深い内容を話すための言葉を
厳選しています。

```
            フィンランド語の読み方のコツ

・アクセントはすべて第1音節。
・基本的にローマ字読みでOK。
・以下の文字だけ気をつけてください。
 [j]   「ヤ行」
 [r]   巻き舌の「ラ行」
 [y]   唇を丸く突き出して[i]を発音しようとすると出る音
 [ä]   「ア」と「エ」の間の音
 [ö]   唇を丸く突き出して[e]を発音しようとすると出る音
```

※動詞は不定形、名詞は単数あるいは複数不定形で載せています。

あ 行

愛	rakkaus
愛国心	isänmaanrakkaus
愛称	lempinimi
愛人	rakastaja
愛する	rakastaa
相変わらず	kuten aina
あいさつ	tervehtiminen / tervehdys
アイスクリーム	jäätelö
アイスコーヒー	jääkahvi
アイスホッケー	jääkiekko
あいつ	tuo kaveri
アイデア	idea / ajatus
空いている	vapaa / tyhjä
アイロン	silitysrauta
会う	tavata / nähdä
合う	sopia
青い	sininen
赤い	punainen
あかちゃん	vauva
明るい	valoisa
明るい(性格)	iloinen
秋	syksy
あきらめる	luopua
飽きる	kyllästyä
アクセサリー	koru
開ける	avata
上げる(上に)	nostaa (ylös)
あげる(人に)	antaa
揚げる	paistaa öljyssä
あこがれる	kaivata
朝	aamu
朝に	aamulla
あさって	ylihuomenna
足	jalka
味	maku
味見する	maistaa
アジア	Aasia
明日	huomenna
あずける	jättää säilytykseen
汗	hiki
あそこ	tuo paikka
遊ぶ	nauttia
暖かい	lämmin
頭	pää
頭がいい	olla viisas
新しい	uusi
あたり前	itsestäänselvyys
厚い	paksu
暑い	kuuma
集める	kerätä
集まる	kerääntyä
あとで	myöhemmin
当てる	osuma
穴	aukko
あなた	sinä
あなたたち	te
あなたの	sinun
あの	tuo
あの頃	silloin
あの人	tuo henkilö
兄	isoveli
姉	isosisko
アパート	vuokrahuoneisto
アヒル	ankka
あぶない	vaarallinen
油	öljy
アフリカ	Afrikka
あまい	makea
雨	sade
アメリカ	Amerikka
アメリカ合衆国	Amerikan Yhdysvallat
あやしい	outo
謝る	pyytää anteeksi
洗う	pestä
ありがとう	kiitos
あるいは	tai / toisinsanoen
あるく	kävellä
アルバイト	sivutyö
あれ	tuo
アレルギー	allergia
暗証番号	salanumero
安心	helpotus
安全	turvallisuus
案内する	opastaa
胃	maha / vatsa
いい	hyvä
いいかげん	välinpitämätön
いいえ	ei
言う	sanoa
家	talo
イカ	mustekala
～以外	paitsi ~
イギリス	Englanti
生きる	elää
行く	mennä
いくつ	montako?
いくら	paljonko?
池	lampi
意見	mielipide
石	kivi
維持する	ylläpitää
医者	lääkäri
異常	epätavallinen
イスラム教	muhamettilaisuus
イスラム教徒	muhamettilainen
遺跡	rauniot
移籍する	muuttaa
いそがしい	kiireinen
いそぐ	kiirehtiä
いたい	kipeä
偉大	suurenmoinen
いたずら	kepponen
炒める	paistaa
イタリア	Italia
イタリア人	Italialainen
1	yksi
1月	tammikuu
1日	yksi päivä
1日おき	joka toinen päivä
イチゴ	mansikka
市場	kauppatori
いちばん	ensimmäinen
胃腸薬	ruoansulatuslääke
1回	yksi kerta
1階	ensimmäinen kerros
1週(間)	yksi viikko
いっしょ	yhdessä
一生	koko elämä
一生懸命	kaikin voimin
いっぱい	täynnä
一般的	yleisesti
一方的	yksipuolinen
いつ	milloin / koska
いつも	aina
遺伝	periytyminen
糸	lanka
いなか	maaseutu
犬	koira
稲	riisivilja
命	henki / elämä
いのる	rukoilla / toivoa
いばる	rehvastella
違反	rikkomus
衣服	vaate
今	nyt
居間	olohuone
意味	tarkoitus / merkitys
Eメール	sähköposti

イモ	……………	mukula
妹	……………	pikkusisko
嫌になる	………	inhota
イライラする	….	olla kärsimätön
いらない	………	ei tarvitse
入り口	…………	sisäänkäynti
要る	……………	tarvita
居る	……………	olla
入れる	…………	laittaa
色	………………	väri
いろいろ	………	monenlaisia
いわう	…………	onnitella
印鑑	……………	sinetti
印刷する	………	painaa
印象	……………	vaikutus
インスタントラーメン	pikanuudeli
引退する	………	siirtyä syrjään
インターネット	..	internetti
インド	…………	Intia
インドネシア	….	Indonesia
インフレ	………	inflaatio
インポテンツ	….	impotenssi
飲料水	…………	juomavesi
ヴァイオリン	….	viulu
ウイスキー	……	viski
上	………………	ylös
ウエイター/ウエイトレス	tarjoilija
浮く	……………	kellua
受付	……………	vastaanotto
受け取る	………	vastaanottaa
牛	………………	lehmä
うしなう	………	menettää
〜の後ろで	….	〜 takana
うすい	…………	ohut
うそ	……………	vale
歌	………………	laulu
歌う	……………	laulaa
疑う	……………	epäillä
宇宙	……………	avaruus
打つ	……………	lyödä
うつくしい	……	kaunis
移す	……………	siirtää
訴える	…………	haastaa oikeuteen
馬	………………	hevonen
上手い	…………	hyvä / taitava
生まれる	………	syntyä
海	………………	meri
産む	……………	synnyttää
裏	………………	nurja puoli
裏切る	…………	pettää
うらむ	…………	tuntea kaunaa
うらやましい	….	kateellinen
売り切れる	……	loppuunmyyty
得る	……………	saada
売る	……………	myydä
ウール	…………	villa
うるさい	………	meluisa
うれしい	………	iloinen
浮気する	………	pettää
噂	………………	huhu
運	………………	onni
運がいい	………	onnekas
うんざりする	….	tuntea vastenmielisyyttä
うんちをする	….	kakata / ulostaa
運賃	……………	liikenne maksu
運転する	………	ajaa
運転手	…………	kuljettaja
運転免許証	….	ajokortti
運動する	………	liikunta
絵	………………	kuva
絵をかく	………	maalata
エアコン	………	ilmastointi
映画	……………	elokuva
映画館	…………	elokuvateatteri
永久	……………	ikuinen
影響	……………	vaikutus
営業職	…………	liiketoiminta
英語	……………	englannin kieli
エイズ	…………	AIDS
衛生的	…………	puhdas
英雄	……………	sankari
栄養	……………	ravinto
笑顔	……………	hymy
駅	………………	asema
エステ	…………	kauneushoitola
エストニア	……	Viro / Eesti
絵はがき	………	postikortti
エビ	……………	katkarapu
えらい	…………	loistava
選ぶ	……………	valita
エリ(襟)	………	kaulus
得る	……………	saada
宴会	……………	juhlat
延期する	………	lykätä
エンジニア	……	insinööri
援助する	………	avustaa
炎症	……………	tulehdus
エンジン	………	moottori
演奏する	………	soittaa
延長する	………	pidentää
エンピツ	………	lyijykynä
遠慮する	………	pidättäytyä
おいしい	………	hyvänmakuinen / herkullinen
王様	……………	kuningas
追う	……………	ajaa takaa
往復	……………	menopaluu
往復切符	….	menopaluu lippu
多い	……………	paljon
多くの場合	..	yleensä / tavallisesti
大きい	…………	iso / suuri
大きさ	…………	koko
おおげさ	………	liioittelu
おかず	…………	lisukkeet
おカネ	…………	raha
おがむ	…………	rukoilla
起きる	…………	herätä / nousta
置く	……………	laittaa
奥様	……………	vaimo / rouva
送る	……………	lähettää
贈る	……………	antaa lahja
おくれる	………	myöhästyä
起こす	…………	herättää
おこなう	………	tehdä / pitää
怒る	……………	olla vihainen
おじ	……………	setä
惜しい	…………	harmillinen
オシャレ	………	tyylikäs
教える	…………	opettaa
おしっこ	………	pissa / virtsa
押す	……………	työntää / painaa
オス	……………	koiras / uros
オーストラリア	.	Australia
おそい	…………	myöhä / hidas
落ちる	…………	pudota
おちんちん	……	kikkeli
夫	………………	(avio) mies
おつり	…………	vaihtorahat
音	………………	ääni
弟	………………	pikkuveli
男	………………	mies
男の子	…………	poika
落とす	…………	pudottaa
落とし物	………	kadonnut tavara
訪れる	…………	vierailla
おととい	………	toissapäivä
おとな	…………	aikuinen
おとなしい	……	kiltti
オートバイ	……	moottoripyörä
踊る	……………	tanssia
踊り	……………	tanssi

いも→おと

おどろく	yllättyä
お腹が一杯	maha on täynnä
お腹のすいた	nälkäinen
同じ	sama
おなら	pieru
オナニー	onania
おば	täti
オバケ	kummitus
覚えている	muistaa
覚えてない	ei muista
おまえ	sinä
お守り	suojelija
おみくじ	ennustus
おめでとう	onnea / onneksi olkoon
重い	painava
重さ	paino
思う	luulla
思い出す	muistella
思い出させる	muistuttaa
思い出せない	muistamaton
思い出	muisto
思いきって〜する	uskaltaa
おもしろい	mielenkiintoinen / hassu
おもちゃ	lelu
表	oikea puoli
親	vanhemmat
おやすみなさい	Hyvää yötä
泳ぐ	uida
およそ〜	lähes
オランダ	Hollanti
織物	kutomatuote
降りる	poistua
折る	taittaa / murtaa
俺	minä
オレンジ	appelsiini
オーロラ	revontulet
終わる	loppua
終わり	loppu
恩	kiitollisuuden velka
恩知らず	kiittämätön
音楽	musiikki
温泉	kuuma lähde
温度	lämpö(tila)
女	nainen
女の子	tyttö

か 行

蚊	hyttynen
貝	simpukka
〜階	kerros
〜回	kerta
会員	jäsen
会員証	jäsen kortti
外貨	ulkomaan valuutta
海外	ulkomaat
海岸	ranta
会議	kokous
海軍	merivoimat
会計	tili
解決する	ratkaista
外交	diplomatia
外国	ulkomaa
外国人	ulkomaalainen
外国製	ulkomailla valmistettu
改札口	lipuntarkastuspiste
会社	yritys / yhtiö
会社員	palkkatyöntekijä
階段	porras
怪談	kummitustarina
懐中電灯	taskulamppu
ガイド	opas
ガイドブック	opaskirja
回復する	parantua
解放する	vapauttaa
開放する	avata
開放的	avoin
買い物	ostokset
潰瘍	haava
改良する	kehittää
会話	keskustelu
買う	ostaa
返す	palauttaa
帰ってくる	palata
カエル	sammakko
変える	vaihtaa
帰る	palata
顔	kasvot
香り	tuoksu
いい香り	hyvätuoksu
科学	tiede
化学	kemia
鏡	peili
カギ	avain
カギをかける	lukita
かきまぜる	sekoittaa
書留	kirjattu lähetys
書く	kirjoittaa
かくす	piilottaa
学生	opiskelija
学部	tiedekunta
革命	vallankumous
かくれる	piiloutua
影	varjo
賭ける	lyödä vetoa
賭けごと	veto
過去	menneisyys
カゴ	kori
カサ	sateenvarjo
飾る	koristaa
火山	tulivuori
かしこい	viisas / älykäs
菓子	makeiset
歌詞	laulun sanat
家事	kotityöt
火事	tulipalo
カジノ	kasino
貸家	vuokra asunto
歌手	laulaja
果樹園	hedelmätarha
貸す (お金がからまない)	lainata
貸す (お金がからむ)	vuokrata
数	numero / määrä
ガス	kaasu
風	tuuli
風邪	flunssa
風邪薬	flunssalääke
カセットテープ	kasetti
数える	laskea
家族	perhe
ガソリン	bensiini
ガソリンスタンド	huoltoasema
肩	olkapää
硬い	kova
形	muoto
かたづける	järjestää
片道	meno
片道切符	menolippu
価値がある	arvoinen
家畜	kotieläin
勝つ	voittaa
楽器	soitin
カッコイイ	komea / tyylikäs
学校	koulu
合唱	kuoro
勝手な	itsekäs
活発	eloisuus
仮定する	olettaa
家庭	perhe / koti
カーテン	verhot
カード	kortti

カトリック .... katolinen	考え .... ajatus	気管支炎 .... keuhkoputkentulehdus
悲しい .... surullinen	感覚 .... aistit	聞く .... kuulla
カナダ .... Kanada	環境 .... ympäristö	効く .... vaikuttaa
必ず .... varmasti	環境問題 .... ympäristö ongelma	期限 .... ajanjakso
カニ .... rapu	頑固 .... itsepäinen	機嫌がいい ..... olla hyvällä tuulella
カネ(money) .. raha	缶づめ .... säilykepurkki	機嫌が悪い . olla huonolla tuulella
金持ち .... rikas	関係 .... suhde	気候 .... ilmasto
可能 .... mahdollinen	観光 .... kiertoajelu	帰国 .... kotiinpaluu
彼女 .... tyttöystävä	観光客 .... turisti	既婚 .... naimisissa
カバン .... laukku	観光地 .... matkailukohde	技術 .... tekniikka
株式会社 .... oy.(osakeyhtiö)	韓国 .... Etelä-Korea	キス .... suukko
壁 .... seinä	韓国人 .... korealainen	傷 .... haava
カボチャ .... kurpitsa	看護婦 .... sairaanhoitaja	傷つける ..... loukata
我慢する .... kestää	感謝する .... kiittää	規則 .... sääntö
紙 .... paperi	患者 .... potilas	規制 .... valvonta
髪 .... hiukset / tukka	感情 .... tunne	犠牲 .... uhri
神 .... jumala	勘定する .... laskea	寄生虫 .... loiset
カミソリ .... partaveitsi	感心する .... herättää ihailua	季節 .... vuodenaika
噛む .... pureskella	肝臓 .... maksa	北 .... pohjoinen
亀 .... kilpikonna	感想 .... vaikutelma	ギター .... kitara
瓶(カメ) .... ruukku	乾燥した .... kuivattu	期待する .... odottaa
カメラ .... kamera	簡単な .... helppo	きたない .... likainen
カメラマン ... valokuvaaja	監督 .... ohjaaja	基地 .... tukikohta
鴨 .... sorsa	乾杯 .... kippis	貴重品 .... arvoesineet
粥 .... velli	がんばる .... taistella / tsempata	きつい .... tiukka
かゆい .... kutina	がんばれ！ ... tsemppiä!	喫煙 .... tupakointi
火曜日 .... tiistai	看板 .... ilmoitustaulu	喫茶店 .... kahvila
カラーフィルム ...... värifilmi	缶ビール .... tölkki olut	切手 .... postimerkki
辛い .... tulinen	漢方薬 .... luonnonlääke	記入する .... täyttää
ガラス .... lasi	カンボジア ...... Kambosia	絹 .... silkki
からだ .... vartalo	木 .... puu	記念に .... muistoksi
借りる(お金がからまない) lainata	キオスク .... kioski	記念日 .... muistopäivä
借りる(お金がからむ) vuokrata	気が合う .... tulla toimeen	昨日 .... eilen
軽い .... kevyt	気が狂う ...... tulla hulluksi	きびしい .... ankara
彼 .... hän	気が遠くなる heikottaa	寄付 .... lahjoitus
彼ら .... he	気が長い ..... kärsivällinen	気分がいい ..... hyvä olo
カレンダー ...... kalenteri	気が短い ..... olla kärsimätön	気分が悪い . huono olo
皮 .... nahka	気が楽になる helpottaa	希望する .... toivoa
川 .... joki	気に入る ..... miellyttää	奇妙な .... outo
かわいい .... söpö	気にしない ... ei välitä	義務 .... velvollisuus
かわいそう ...... säälittävä	気になる .... olla huolissaan	義務教育 .... oppivelvollisuus
乾く .... kuivaa	気を失う .... tajuton	決める .... päättää
乾かす .... kuivattaa	気をつける ... olla varovainen	気持ち .... tunne / olo
変わる .... muuttua	黄色 .... keltainen	気持ちいい ..... hyvä olo
変わり者 ...... kummallinen / omituinen	消える .... sammua	気持ち悪い .. huono olo
代わる .... korvata	気温 .... lämpötila	疑問 .... kysymys
ガン .... syöpä	機械 .... kone	客 .... vieras / asiakas
肝炎 .... maksatulehdus	機会 .... mahdollisuus	キャッシュカード pankkikortti
眼科 .... silmä lääkäri	着替える .... vaihtaa vaatteet	キャンセルする peruuttaa
考える .... ajatella	期間 .... aika	キャンセル待ち odottaa peruutusta

9	yhdeksän
休暇	loma
救急車	ambulanssi
休憩	tauko
急行列車	pikajuna
休日	vapaapäivä
旧跡	rauniot
牛肉	naudanliha
牛乳	maito
急用	kiireinen asia
キュウリ	kurkku
給料	palkka
今日	tänään
教育	koulutus
行儀がいい	hyvä käytös
行儀が悪い	huono käytös
教会	kirkko
教科書	oppikirja
競技場	urheilukenttä
狂犬病	vesikauhu
共産主義	kommunismi
教師	opettaja
行事	tapahtuma
競争	kilpailu
兄弟	sisarukset
郷土料理	perinteinen ruoka
興味がある	kiinostaa
協力する	avustaa
許可	lupa
去年	viime vuonna
距離	matkan pituus
きらい	vastenmielisyys
霧	sumu
キリスト教	kristinusko
切る	leikata
着る	pukea
きれいな	kaunis / puhdas
キログラム	kilogramma
キロメートル	kilometri
金	kulta
純金	puhdas kulta
銀	hopea
禁煙	tupakointi kielletty
近眼	likinäköinen
緊急	hätä-
銀行	pankki
禁止	kielto
近所	naapurusto
近代化	nykyaikaisuus / modernisti
緊張する	hermostua
筋肉	lihas
金髪	vaaleahiuksinen
勤勉な	ahkera
金曜日	perjantai
区	alue
食いしんぼう	ahmatti
空気	ilma
空港	lentokenttä
空港税	lentokenttä vero
偶然	sattumalta
9月	syyskuu
クギ	naula
草	ruoho
くさい	haiseva
腐る	pilaantua
腐りやすい	helposti pilaantuva
くし(串)	tikku
くし(櫛)	kampa
苦情を言う	valittaa
くすぐったい	kutittaa
薬	lääke
薬屋	apteekki
くすり指	nimetönsormi
糞	paska
くだもの	hedelmä
くだらない	hyödytön
口	suu
口が重い	vähäpuheinen
口が軽い	puhelias
口が悪い	ilkeäkielinen
くちびる	huuli
口紅	huulipuna
靴	kengät
靴屋	kenkäkauppa
くつした	sukat
くっつく	tarttua
くっつける	laittaa yhteen
口説く	liehitellä
国	maa
首	kaula
首になる(解雇)	saada potkut
クモ	hämähäkki
雲	pilvi
くもり	pivinen
クーラー	ilmanjäähdytin
暗い	pimeä
クラスメート	luokkatoveri
クラシック	klassinen
比べる	verrata
グラム	gramma
くり返す	tehdä uudelleen
クリスマス	joulu
クリーニング	pesu
クリーム	kerma
来る	tulla
くるしい	tuskaista
グループ	ryhmä
クレジットカード	luottokortti
黒い	musta
苦労する	nähdä vaivaa
加える	lisätä
くわしい	tietää hyvin
郡	kunta
軍隊	sotaväki
軍人	sotilas
毛	karvat / hiukset
経営する	johtaa
計画	suunnitelma
経験	kokemus
敬虔な	uskovainen
経済	talous
経済学	taloustiede
経済危機	taloudellinenkriisi
経済成長	taloudellinenkasvu
警察	poliisi
警察官	poliisi
警察署	poliisilaitos
計算する	laskea
芸術	taide
芸術家	taiteilija
芸術品	taideteos
携帯電話	matkapuhelin
競馬	hevoskilpailut / ravit
経費	yleis kustannukset
軽べつする	halveksia
刑務所	vankila
契約書	kirjallinen sopimus
～経由で	~ kautta
ケガ	loukkaantuminen
外科	kirurgi
毛皮	turkki
ケーキ	kakku
劇	näytös
劇場	teatteri
今朝	tänä aamuna
下剤	ulostuslääke
景色	maisema
消しゴム	pyyhekumi
化粧する	meikata
化粧品	meikkituote

消す .... poistaa	効果 .... vaikutus	小切手 .... shekki
けち .... pihi	豪華な .... ylellinen	ゴキブリ .... torakka
血圧 .... verenpaine	硬貨 .... kolikko	故郷 .... kotiseutu
血液型 .... veriryhmä	後悔する .... katua	国際電話 .... kansainvälinen puhelin
結果 .... tulos	公害 .... saaste	国産の .... kotimainen
結核 .... keuhkotauti	郊外 .... esikaupunki	国籍 .... kansalaisuus
月経 .... kuukautiset	合格 .... hyväksyä	国民 .... kansalainen
結婚する .... mennä naimisiin	交換する .... vaihtaa	国立公園 .... kansallispuisto
結婚式 .... häät	睾丸 .... kivekset	こげる .... palaa
決して〜ない ... ei koskaan	好奇心 .... uteliaisuus	ここ .... tämä paikka / tässä
欠席 .... poissaolo	抗議する .... protestoida	午後 .... iltapäivä
欠点 .... vika	工業 .... teollisuus	心 .... sydän
ゲップ .... röyhtäys	航空券 .... lentolippu	腰 .... vyötärö
月曜日 .... maanantai	航空会社 .... lentoyhtiö	乞食 .... kerjäläinen
解熱剤 .... kuumelääke	航空便 .... lentoposti	コショウ .... pippuri
ゲーム .... peli	高血圧 .... korkea verenpaine	故障 .... vika
けむり .... savu	口語 .... puhekieli	個人 .... yksityis-
下痢をする ..... ripuli	高校 .... lukio	個性的 .... persoonallinen
下痢どめ .... ripulilääke	広告 .... mainos	小銭 .... kolikko
ける .... potkaista	口座 .... tili	午前 .... aamupäivä
県 .... lääni	口座番号 .... tilinumero	答える .... vastaa
原因 .... syy	交差点 .... risteys	国歌 .... kansallislaulu
ケンカする ..... riidellä	工事 .... työ	国旗 .... kansallislippu
見学する .... tutustua	公衆電話 .... yleisöpuhelin	国境 .... valtionraja
元気 .... terve	公衆トイレ .... yleisö-WC	コック .... kokki
元気ですか? Mitä kuuluu?	交渉する .... neuvotella	骨折 .... murtuma
研究する .... tutkia	工場 .... tehdas	小包 .... paketti
健康 .... terveys	香辛料 .... mausteet	コップ .... juomalasi
現在 .... tällähetkellä	香水 .... hajuvesi	孤独な .... yksinäinen
検査 .... tarkastaminen	洪水 .... tulva	今年 .... tänä vuonna
原産地 .... alkuperä	高層ビル .... pilvenpiirtäjä	ことば .... kieli
研修 .... harjoittelu	高速道路 .... moottoritie	こども .... lapsi
原子力 .... atomivoima	紅茶 .... tee	こどもっぽい .. lapsellinen
原子爆弾 .... atomipommi	交通 .... liikenne	ことわざ .... sananlasku
原子力発電所 atomivoimala	交通事故 .... liikenneonnettomuus	ことわる .... peruuttaa
現像 .... kehitys	強盗 .... ryöstö	この .... tämä
建築 .... arkkitehtuuri	幸福 .... onni	このくらい .... tämän verran
現地の .... paikallis	興奮する .... innostua	このように ... tällä tavalla
憲法 .... perustuslaki	公平 .... reiluus	ごはん .... pala
権利 .... oikeus	公務員 .... viranomainen	コピーする ..... kopioida
5 .... viisi	小売り .... vähittäiskauppa	困る .... olla pulassa
5月 .... toukokuu	肛門 .... peräaukko	ゴミ .... roska
濃い .... tumma	声 .... ääni	ゴミ箱 .... roskakori
恋 .... rakkaus	声が大きい .. kova ääninen	小麦粉 .... vehnäjauho
恋しい .... kaivata	声が小さい .. heikko ääninen	米 .... riisi
恋する .... rakastaa	越える .... ylittää	ごめんなさい ... anteeksi
恋人 .... rakas	氷 .... jää	小指 .... pikkusolmi
工具 .... työlainen	こおる .... jäätyä	ゴルフ .... golffi
幸運を祈ります! Onneksi olkoon!	誤解する .... käsittää väärin	これ .... tämä
公園 .... puisto	コカコーラ ..... kokis	コレラ .... kolera

けす→これ

95

ころ→しひ

殺す	tappaa
ころぶ	kaatua
こわい	pelottava
こわす	rikkoa
こわれる	mennä rikki
今回	tämä kerta
今月	tämä kuu
混雑する	ruuhkautua
コンサート	konsertti
今週	tämä viikko
コンセント	pistorasia
コンタクトレンズ	piilolasit
今度(今回)	tällä kertaa
(次回)	ensi kerralla
コンドーム	kondomi
こんにちは	Hyvää päivää
今晩	tämä ilta
コンピューター	tietokone
婚約する	mennä kihloihin

さ 行

最悪	huonoin
再会する	tavata jälleen
差がある	olla eroja
最近	viime aikona
細菌	bakteeri
サイクリング	pyöräily
最後	viimeinen
最高の	paras
サイコロ	noppa
祭日	pyhäpäivä
最初	ensimmäinen
最小	pienin
最新	uusin
サイズ	koko
最大	suurin
才能	lahjakkuus
再発行	uusi painos
裁判所	oikeuslaitos
サイフ	lompakko
材料	aine / tarvike
サイン	allekirjoitus
サウナ	sauna
坂	mäki
探す	etsiä
魚	kala
さがる	laskea
咲く	kukkia
昨日	eilen
昨晩	eilisilta
サクラ	kirsikankukka
酒	alkoholi
酒飲み	juoppo
さけぶ	huutaa
避ける	vältellä
差出人	lähettäjä
刺身	sashimi (raakoja kalanpaloja)
指す	osoittaa
座席	istumapaikka
座席番号	paikka numero
さそう	kutsua
撮影禁止	valokuvaaminen kielletty
撮影可	valokuvaaminen sallittu
サッカー	jalkapallo
さっき	vähän aikaa sitten
雑誌	kuvalehti
砂糖	sokeri
砂漠	autiomaa
さびしい	yksinäinen
サービス料	palvelumaksu
サーフィン	laine lautailu
さむい	kylmä
さめる	viiletä / herätä
皿	lautanen
サラダ	salaatti
サル	apina
さわる	koskea
3	kolme
3月	maaliskuu
三角	kolmio
サンゴ	koralli
算数	matematiikka
サンタクロース	joulupukki
サンダル	sandaalit
サンドイッチ	täytetty voileipä
3等	kolmas
残念	harmi
散髪	hiusten leikkaus
産婦人科	gynegologi
散歩する	mennä kävelylle
市	kaupunki
詩	runo
試合	ottelu
しあわせ	onni
寺院	temppeli
塩	suola
しおからい	suolainen
市外局番	suuntanumero
資格	pätevyys
四角	neliö
しかし	mutta
4月	huhtikuu
しかる	torua
時間	aika
四季	vuodenajat
試験	koe
資源	luonnonvarat
事故	onnettomuus
地獄	helvetti
時刻表	aikataulu
仕事	työ
辞書	sanakirja
時差	aikaero
しずか	hiljaisuus
静かな	hiljainen / rauhallinen
しずむ	upota
施設	laitos
自然	luonto
子孫	jälkeläinen
舌	kieli
下	alapuoli / ala-
時代遅れ	ajasta jäljessä
下着	alusvaate
仕立てる	tehty mittojen mukaan
7	seitsemän
7月	heinäkuu
質屋	panttilainaamo
試着する	sovittaa
シーツ	lakana
実業家	yksityisyrittäjä
失業する	menettää työpaikka
しつこい	sitkeä
実際は	todellisuudessa
嫉妬する	olla mustasukkainen
湿度	kosteus
失敗	epäonnistuminen
湿布	harsotaite
質問	kysymys
失礼な	epäkohtelias
実は……	tosi asiassa
CD	CD (セーデー)
自転車	polkupyörä
自動	automaatti
自動車	auto
自動販売機	myyntiautomaatti
死ぬ	kuolla
支配人	päällikkö
しばしば	usein
しばる	sitoa
耳鼻咽喉科	korvalääkäri

しびれる	kangistua	重役	hallitus	～の正面で	~ edessä
自分	itse	修理する	korjata	条約	sopimus
紙幣	seteli	授業	kurssi	しょうゆ	soija
脂肪	rasva	宿題	läksyt	将来	tulevaisuus
しぼる	puristaa	宿泊する	yöpyä	使用料	käyttömaksu
資本主義	kapitalismi	手術	leikkaus	初級	alkeiskurssi
資本家	kapitalisti	首相	pääministeri	食事	ateria
島	saari	ジュース	mehu	食堂	ruokala
姉妹	siskot	出血	verenvuoto	食堂車	ravintola vaunu
自慢する	ylpeillä	出国	maastalähtö	植物	kasvi
地味な	vaatimaton	出産	synnytys	植物園	kasvitieteellinen
事務所	toimisto	出発する	lähteä	植民地	siirtomaa
氏名	nimi	出発時間	lähtöaika	食欲	ruokahalu
しめった	kostea	出版社	kustannusyhtiö	処女	neitsyt
閉める	sulkea	首都	pääkaupunki	女性	nainen
地面	maanpinta	主婦	kotirouva	女性器	häpy / vittu
釈迦	Buddha	趣味	harrastus	書類	dokumentti
社会	yhteiskunta	種類	laji	白樺	koivu
ジャガイモ	peruna	純粋	viaton	知らせる	ilmoittaa
市役所	kaupungintalo	準備する	valmistaa	しらべる	tutkia
車掌	konduktööri	賞	palkinto	私立	yksityinen
写真	valokuva	紹介する	esitellä	知る	tietää
写真屋	valokuvaamo	小学校	ala-aste	私は知っている	Minä tiedän
ジャズ	jatsi	正月	uusivuosi	私は知らない	Minä en tiedä
社長	toimitusjohtaja	乗客	matkustaja	白	valkoinen
シャツ	paita	条件	ehto	シンガポール	Singapore
借金	laina	証拠	todiste	進学する	siirtyä yläasteelle
シャッター	ikkunaluukku	正午	keskipäivä	シングルルーム	yhden hengen huone
ジャーナリスト	lehtimies	上司	pomo	神経	hermot
じゃまをする	häiritä	正直	rehellisyys	神経質	pikkutarkka
ジャム	hillo	正直者	rehellinen	人口	väkiluku / asukas
シャワー	suihku	少女	tyttö	申告する	ilmoittautua
シャンプー	shampoo	上手	taitava	深刻	vakava
週	viikko	少数民族	vähemmistö	新婚	vastanaineet
自由	vapaus	小説	romaani	新婚旅行	häämatka
自由席	vapaapaikka	招待	kutsu	診察	tutkimus
10	kymmenen	じょうだん	vitsi	真実	totuus
10月	lokakuu	消毒	desinfioida	真珠	helmi
11月	marraskuu	証人	todistaja	人種	ihmisrotu
12月	joulukuu	商人	kauppias	人種差別	rasismi / rotuerottelu
十代の若者	teini-ikäinen	少年	poika	信じる	uskoa / luottaa
習慣	tapa	商売	liiketoiminta	ジーンズ	farkut
宗教	uskonto	商品	(kauppa) tavara	申請	hakemus
住所	osoite	賞品	palkinto	人生	elämä
渋滞	ruuhka	上品	tyylikäs / elegantti	親戚	sukulainen
重体	kriittinen tila	じょうぶ	luja	親切	ystävällisyys
集中する	keskittyä	しょうべん	pissa / virtsa	新鮮	tuoreus
集中力	keskittymiskyky	情報	tieto	心臓	sydän
収入	tulot	消防署	palokunta	腎臓	munuaiset
充分	tarpeeksi	証明書	todistus	寝台車	makuuhytti

身体障害者	fyysisesti vammainen
身長	pituus
心配する	huolehtia
神父	pappi
新聞	sanomalehti
じんましん	nokkosihottuma
親友	läheinen ystävä
信頼する	luottaa
酢	etikka
水泳	uinti
推薦	suositus
水洗トイレ	vessa
スイス	Sveitsi
スイッチ	katkaisija
水道	vesijohto
水道水	vesijohtovesi
炊飯器	riisin keitin
水曜日	keskiviikko
吸う	hengittää / polttaa
スウェーデン	Ruotsi
数字	numero
末っ子	kuopus
スカート	hame
好き	pitää
スキー	laskettelu
すぐに	heti
スケベ	hävytön
すこし	vähän
すずしい	viileä
スター	tähti
スチュワーデス	lentoemäntä
スーツ	puku
頭痛	päänsärky
スーツケース	matkalaukku
ずっと	kauan
すっぱい	hapan
ステーキ	pihvi
すでに	jo
すてる	heittää pois
ストッキング	sukkahousut
ストックホルム	Tukholma
ストロー	imupilli
砂	hiekka
素直	lempeä
スーパーマーケット	supermarket
すばらしい	loistava
スパゲッティー	spagetti
スピード	vauhti
スープ	keitto
スプーン	lusikka

スペイン	Espanja
すべて	kaikki
すべる	liukua
スポーツ	urheilu
ズボン	housut
すみません	anteeksi
炭	hiili
住む	asua
済む	päättyä
スラム	slummi
スリ	taskuvaras
するどい	terävä
すわる	istua
寸法	mitta
性	sukupuoli
誠意	vilpitön
西欧	Länsi-Europpa
性格	luonne
正確な	täsmällinen
生活	elämä
生活費	elinkustannukset
世紀	vuosisata
正義	oikeudenmukaisuus
請求する	vaatia
請求書	lasku
税金	vero
清潔な	puhdas
制限	rajoitus
性交	yhdyntä
成功する	onnistua
生産する	tuottaa
政治	politiikka
政治家	politiikko
聖書	raamattu
精神	mieli
精神病	mielisairaus
成績	arvosana
製造する	valmistaa
製造業	teollisuus
ぜいたくな	ylellinen
成長する	kasvaa
生徒	oppilas
青年	nuorukainen
生年月日(年)	syntymävuosi
生年月日(月)	syntymäkuukausi
生年月日(日)	syntymäpäivä
性病	sukupuolitauti
政府	hallitus
生命	elämä
西洋	länsimaat

西洋人	länsimaalainen
生理用品	terveys-side
西暦	j.K.r
背負う	kantaa selässä
世界	maailma
席	(istuma) paikka
咳	yskä
責任がある	olla vastuussa
赤面する	punastua
石油	(raaka) öljy
赤痢	punatauti
セクシー	seksikäs
セーター	villapaita
積極的	positiivinen
セッケン	saippua
接続	liittää yhteen
絶対に	ehdottomasti
説明する	selittää
節約する	olla taloudellinen
設立	perustaminen
せまい	kapea
セールスマン	myyntimies
ゼロ	nolla
セロテープ	teippi
世話する	hoitaa
千	tuhat
線	viiva
全員	kaikki
洗顔	kasvonpesu
選挙	vaali
先月	viime kuu
線香	suitsuke
専攻	pääaine
先日	edellinen päivä
洗剤	pesujauho
戦車	panssarivaunu
選手	pelaaja
先週	viime viikko
先生	opettaja
先祖	esi-isät
戦争	sota
洗濯する	pestä pyykkiä
全部	kaikki
専門学校	ammattikoulu
ゾウ	elefantti
倉庫	varasto
操作する	ohjata
そうじ	siivous
葬式	hautajaiset
想像する	kuvitella

しん→そう

相談	neuvo
僧侶	Buddhalaisten pappi
速達	pikalähetys
そこ	siellä
底	pohja
そして	ja / sitten
ソース	kastike
そだてる	kasvattaa
卒業	valmistuminen
外	ulkopuoli
そばに	vieressä
祖父	isoisä
祖母	isoäiti
染める	värjätä
空	taivas
剃る	ajaa
それ	se
それから	sen jälkeen / sitten
それとも	vai / tai
それら	ne
損害	vahinko
尊敬する	kunnioittaa

た 行

タイ	Thaimaa
ダイエット	dieetti
退院	päästä pois sairaalasta
体温	(ruumiin) lämpö
体温計	kuumemittari
大学	yliopisto
大学生	yliopisto-opiskelija
大工	kirvesmies
たいくつ	ikävyys
太鼓	rumpu
大使	suurlähettiläs
大使館	suurlähetystö
体重	(vartalon) paino
だいじょうぶ	olla kunnossa
退職	eroaminen
耐水性	vedenpitävä
大切	tärkeä
たいてい	yleensä
態度がよい	hyväkäytöksinen
態度が悪い	huonokäytöksinen
大統領	presidentti
台所	keittiö
第2次世界大戦	toinen maailmansota
台風	taifuuni
たいへん	erittäin / vakava
大便	paska / kakka

逮捕する	pidättää
題名	nimi
ダイヤモンド	timantti
太陽	aurinko
大陸	mantere
代理人	edustaja
台湾	Formosa
耐える	kestää
タオル	pyyhe
たおれる	kaatua
高い(高さ)	korkea
高い(値段)	kallis
宝	aarre
宝くじ	arpa
炊く	keittää
抱く	halata
たくさん	paljon / monta
タクシー	taksi
タクシー乗り場	taksi asema
竹	bambu
タコ	mustekala
凧	leija
確かな(sure)	varma
たしかめる	tarkistaa
足す	lisätä
ダース	tusina
たすける	auttaa
たたかう	tapella
たたく	lyödä
たたむ	laskostaa
ただしい	oikea
立入禁止	pääsy kielletty
立つ	seisoa
脱毛	hiustenlähtö
縦	pituus / korkeus
建物	rakennus
建てる	rakentaa
たとえば	esimerkiksi
他人	toinen / vieras
たのしい	hauska
たのしむ	iloita
たのむ	pyytää
タバコ	tupakka
タバコを吸う	polttaa tupakkaa
ダブルルーム	kahden hengen huone parivuoteella
たぶん	ehkä
食べる	syödä
食べ物	ruoka
タマゴ	kananmuna
だます	huijata

タマネギ	sipuli
ためす	kokeilla
ためらう	epäröidä
たよる	turvautua
たりる	tarpeeksi
だれ	kuka
痰	lima
短期	lyhyt aika
短気	äkkipikaisuus
単語	sana
短所	heikko kohta
誕生日	syntymäpäivä
ダンス	tanssi
男性	mies
男性器	penis
団体	ryhmä
たんぼ	riisipelto
暖房	lämmitys
血	veri
痔	peräpukamat
治安がいい	turvallinen
治安が悪い	vaarallinen
地位	asema
地域	alue
ちいさい	pieni
チェック(小切手)	shekki
チェックアウト	tehdä lähtöilmoitus
チェックイン(ホテル)	tehdä saapumisilmoitus
地下	maan alla
地下鉄	metro
近い	lähellä
ちがう	erota
近づく	lähestyä
地球	maapallo
遅刻する	myöhästyä
知識	tieto
父	isä
ちぢむ	kutistua
地図	kartta
地平線	taivaan
地方	alue / seutu
茶	tee
茶色	ruskea
着陸	laskeutuminen
着陸する	laskeutua
チャーター	tilausajo
茶わん	teekuppi / riisikulho
注意	huomio
中学校	yläaste
中級	keskitaso

中近東	Keski-itä
中国	Kiina
中国語	kiinan kieli
中国人	kiinalainen
中国茶	kiinalainen tee
中止	peruuttaminen
注射	ruiske
駐車する	pysäköinti
駐車禁止	pysäköinti kielletty
駐車場	parkkipaikka
昼食	lounas
中心	keskus
注文する	tilata
チューリップ	tulppaani
腸	suoli
蝶	perhonen
長所	vahva kohta
長女	vanhin tytär
朝食	aamiainen
調整する	säätää
彫刻	kuvanveisto
ちょうど	juuri
ちょうどいい	sopiva
長男	perheen vanhin poika
調味料	mauste
地理	maantiede
治療する	hoitaa
鎮痛剤	särkylääke
ツアー	paketti matka
追加する	lisää
通貨	valuutta
通過する	ohittaa
通常は	yleensä / tavallisesti
通訳する	tulkata
通訳の人を呼んで	Kutsu tulkki.
つかう	käyttää
つかまえる	ottaa kiinni
つかれる	väsyä
つかれた	väsynyt
月	kuu
次	seuraava
机	pöydä
つくる	tehdä / luoda
つける	liittää yhteen
土	multa
つづく	jatkua
つづける	jatkaa
つつむ	kääriä
つなぐ	yhdistää
妻	vaimo
つまらない	tylsä
罪	rikos
爪	kynsi
つめたい	kylmä
つよい	vahva
つらい	raskas
釣り	kalastus
つり銭	vaihtoraha
手	käsi
提案	ehdotus
Tシャツ	T-paita
ディスコ	disko
ティッシュペーパー	nenäliina
ていねいな	kohtelias
でかける	mennä ulos
テキスト	oppikirja
テキスタイル	tekstiili
～できる	osata / voida
～できない	ei osaa / ei voi
手紙	kirje
出口	uloskäynti
デザイン	suunnittelu
デザート	jälkiruoka
手数料	palkkio
鉄	rauta
てつだう	auttaa
手続き	muodollisuudet
鉄道	rautatie
テニス	tennis
手荷物	käsimatkatavara
デパート	tavaratalo
てぶくろ	käsineet / hanskat
テーブル	pöytä
出る	mennä ulos
テレビ	televisio
店員	myyjä
天気	sää
天気予報	säätiedotus
電気	sähkö
電圧	sähköjännite
天国	paratiisi
伝言	viesti
天才	lahjakas
電車	sähköjuna
天井	katto
添乗員	matkajohtaja
伝染病	kulkutauti
電池	paristo
電灯	sähkölamppu
伝統的	perinteellinen
デンマーク	Tanska
電話	puhelin
電話帳	puhelinluettelo
電話する	soittaa
電話番号	puhelinnumero
ドアー	ovi
ドイツ	Saksa
トイレ	vessa
トイレットペーパー	vessa paperi
どういたしまして	Eipä kestä / Ei se mitään
とうがらし	chili
陶器	keramiikka
東京	Tokio
当時	silloin
どうぞ～して下さい	olkaa hyvää, ja ~
到着する	saapuminen
到着時刻	saapumisaika
盗難	varkaus
東南アジア	Kauko itä
糖尿病	sokeritauti
豆腐	toofu
動物	eläin
動物園	eläintarha
トウモロコシ	maissi
どうやって？	miten / millä tavalla
東洋	Itä
東洋人	itämainen
登録する	ilmoittautua
遠い	kaukana
通り	tie / katu
毒	myrkky
得意	olla hyvä ~
独学する	yksin opiskella
特産物	maakuntaruokia
読書	kirjan lukeminen
独身	sinkku / naimaton
得する	voittaa
特徴	ansio
独特	erikoinen
特別	erityinen
独立記念日	itsenäisyyspäivä
時計(腕時計)	rannekello
時計(置時計)	kello
どこ	missä
ところで	muuten
閉じる	sulkea
都市	kaupunki
歳	ikä
歳上の	vanhempi henkilö
歳下の	nuorempi henkilö

歳とった ...... vanha	なぜ? .... miksi?	ニュース .... uutiset
図書館 .... kirjasto	なぜならば ...... koska	尿 .... pissa
トースト .... paahtoleipä	夏 .... kesä	煮る .... keittää
土地 .... tontti	夏休み .... kesäloma	庭 .... piha
突然 .... yhtäkkiä	なつかしい ...... rakas	ニワトリ .... kana
隣 .... naapuri	7 .... seitsemän	人気がある ..... suosittu
飛ぶ .... lentää	なに? .... mikä? / mitä?	人気がない .. epäsuosittu
徒歩 .... jalkaisin	ナベ .... kattila	人形 .... nukke
トマト .... tomaatti	生 .... raaka	人間 .... ihminen
止まる .... pysähtyä	名前 .... nimi	妊娠 .... raskaus
泊まる .... jäädä yöksi	波 .... aalto	人数 .... lukumäärä
友達 .... ystävä	なみだ .... kyynel	妊婦 .... raskaana oleva
土曜日 .... lauantai	悩む .... murehtia	抜く .... vetää
トラ .... tiikeri	ならう .... oppia	脱ぐ .... riisua
ドライクリーニング kuivapesu	鳴る .... soida	盗む .... varastaa
ドライヤー ...... hiustenkuivaaja	なるほど .... tosiaan	布 .... kangas
トラック .... rekka / kuorma-auto	慣れる .... tottua	塗る .... maalata
トラベラーズチェック matkashekki	何個 .... montako	値打ちがある ... arvoinen
トランプ .... pelikortit	何時 .... paljonko kello on?	ネコ .... kissa
鳥 .... lintu	何時間 .... montako tuntia?	ネズミ .... hiiri
とり替える ...... vaihtaa	何種類 .... montako lajia?	値段 .... hinta
とり消す .... peruuttaa	何人 .... montako henkilöä?	熱が出る ...... olla kuumetta
とり肉 .... kananliha	難民 .... pakolainen	値引きする ...... alentaa
努力する .... ponnistella	2 .... kaksi	ねむい .... uninen
取る .... ottaa	2月 .... helmikuu	眠る .... nukkua
ドル .... dollari	にがい .... karvas	年金 .... eläke
どれ? .... mikä	にぎやかな ...... eloisa	ネンザする ...... nyrjäyttää
泥棒 .... varas	肉 .... liha	年収 .... vuositulo
トンネル .... tunneli	肉屋 .... lihakauppa	年齢 .... ikä
	にげる .... karata	脳 .... aivot
な 行	西 .... länsi	農業 .... maanviljelys
ない .... ei ole	西ヨーロッパ Länsi-Eurooppa	農民 .... maanviljelijä
内線 .... sisäpuhelin	ニセモノ .... väärennös	能力 .... kyky
ナイフ .... veitsi	日曜日 .... sunnuntai	のこり .... jäännös
内容 .... sisältö	日記 .... päiväkirja	覗く .... vilkaista
直す .... korjata	似ている .... muistuttaa / saman näköinen	望む .... toivoa
治る .... parantua	似ていない .. ei muistuta / ei saman näköinen	望み .... toivomus
中 .... sisäpuoli / keskus	2等 .... toinen luokka	ノート .... vihko
中指 .... keskisormi	にぶい .... hidasjärkinen	のどが乾く ...... on janossa
長い .... pitkä	日本 .... Japani	ののしる .... haukkua
長い間 .... kauan aika	日本円 .... japanin jeni	登る .... kiivetä
ながめがいい .. hyvä näköala	日本語 .... japanin kieli	飲む .... juoda
ながれる .... virrata	日本酒 .... sake	飲み物 .... juoma
流れ星 .... tähdenlento	日本食 .... japanilainen ruoka	乗る .... nousta
泣く .... itkeä	日本人 .... japanilainen	乗り換える ... vaihtaa
鳴く(鳥が) ...... laulaa	荷物 .... tavara	ノルウェー ...... Norja
なくす .... kadottaa	入学 .... päästä kouluun	
なぐる .... lyödä	入管 .... maahanmuutto toimisto	は 行
投げる .... heittää	入国する .... saapua maahan	歯 .... hammas
ナス .... munakoiso	入場料 .... pääsymaksu	葉 .... lehti

と し → は あ

バー	baari	8	kahdeksan	ハンドバッグ	käsilaukku
(〜の)場合	~ tapauksessa	8月	elokuu	半日	puoli päivää
肺	keuhko	蜂	mehiläinen	犯人	rikollinen
灰	tuhka	ハチミツ	hunaja	ハンバーガー	hampurilainen
はい(肯定)	kyllä	発音	ääntäminen	パンフレット	esite
〜倍	~ kertaa	バック	laukku	半分	puoli
灰色	harmaa	パックツアー	paketti matka	パン屋	leipomo
肺炎	keuhkokuume	発行する	julkaista / kirjoittaa	火	tuli
ハイキング	retkeily	発車する	lähtö	ピアノ	piano
灰皿	tuhkakuppi	発車時刻	lähtöaika	比較する	verrata
歯医者	hammaslääkäri	発展途上国	kehitysmaat	東	itä
売春	prostituutio	パーティー	juhla	東アジア	Itä-aasia
売春婦	ilotyttö	ハデな	räikeä	東ヨーロッパ	Itä-Europpa
配達する	jakaa	鼻	nenä	光	valo
売店	kioski	鼻水	lima	ひき受ける	hyväksyä
俳優	näyttelijä	花	kukka	引き出す	vetää ulos
入る	mennä sisään	話す	puhua	引く	vetää
ハエ	kärpänen	バナナ	banaani	弾く	soittaa
墓	hauta	花嫁	morsian	低い	matala
バカ	tyhmä	母	äiti	ピクニック	retki
計る	mitata	ハブラシ	hammasharja	ヒゲ	parta
吐く	oksettaa	バーベキュー	grillaaminen	ヒゲそり	parranajokone
吐き気	pahoinvointi	パーマ	kihara	飛行機	lentokone
履く	pitää	ハミガキ粉	hammastahna	ビザ	viisumi
爆撃する	pommittaa	速い	nopea	美術	taito
爆発する	räjähtää	早い	aikainen	美術館	taidemuseo
博物館	museo	払う	maksaa	秘書	sihteeri
ハゲ	kaljuus	払い戻し	takaisinmaksu	非常口	hätäuloskäytävä
バケツ	sanko	はり紙	ilmoitus	ヒスイ	jade
箱	laatikko	春	kevät	左	vasen
はこぶ	kantaa	貼る	liimata	ひっこす	muuttaa
はさむ	laittaa väliin	バルト海	Itämeri	ひっぱる	vetää
端	reuna	晴れ	selkeä	必要とする	tarvita
橋	silta	パワー	voima	ビデオデッキ	video
箸	syömäpuikot	パン	leipä	ビデオテープ	videonauha
はじめる	aloittaa	晩	ilta	ひどい	kamala
はじめて	ensimmäistä kertaa	範囲	varat / rajat / ala	等しい	olla sama
場所	paikka	繁栄する	kukoistaa	ひとりっ子	ainut lapsi
破傷風	jäykkäkouristus	ハンカチ	nenäliina	一人で	yksin
走る	juosta	パンクする	sattua rengasrikko	ビニール	muovi
バス	bussi	番号	numero	避妊	ehkäisy
はずかしい	olla hävettävää	犯罪	rikos	避妊薬	ehkäisylääkkeet
バスタブ	kylpyamme	ハンサム	komea	日の出	auringonnousu
パスポート	passi	反対する	vastustaa	皮膚	iho
パソコン	tietokone	反対側	toisella puolella	皮膚科	ihotautilääkäri
旗	lippu	パンツ	housut	ひま	vapaa-aika
バター	voi	パンティー	pikkuhousut	秘密	salainen
はだか	alaston	半島	niemimaa	日焼け	ruskettuminen
畑	pelto	半月	puoli kuukautta	日焼け止め	aurinkosuoja
はたらく	työskentellä	半年	puoli vuotta	費用	kulu

白夜 .... yötön yö	フタ .... kansi	雰囲気 .... ilmapiiri
美容院 .... kampaamo	ブタ .... sika	文化 .... kulttuuri
病院 .... sairaala	ブタ肉 .... sianliha	文学 .... kirjalisuus
病気 .... sairas	舞台 .... näyttämö	文語 .... kirjakieli
表現する .... ilmaista	ふたたび .... uudelleen	文章 .... lause
標準 .... keskitaso	ブーツ .... saappaat	文法 .... kieliooppi
病人 .... sairas	普通 .... tavallinen	ヘアスタイル ... hiustyyli
比率 .... suhteellinen	普通は .... yleensä / tavallisesti	平均 .... keskimäärä
昼 .... päivä	物価 .... elintalo	平均的な ..... tasapaino
昼休み .... lounasaika	ぶつかる .... törmätä	兵士 .... sotilas
ビル .... kerrostalo	二日酔い .... krapula	閉店する .... sulkea
ビール .... olut	仏教 .... Buddhalaisuus	平和 .... rauha
広い（幅） .... leveä	仏教徒 .... Buddhalainen	ページ .... sivu
広げる .... levittää	仏像 .... Buddhan patsas	へそ .... napa
広場 .... aukio / tori	ブドウ .... viinirypäle	下手 .... huono
ビン .... pullo	不動産 .... kiinteistö	ペット .... lemmikkieläin
ヒンズー教 ...... Hindulaisuus	不動産屋 .... kiinteistö välittäjä	ベッド .... sänky
ピンク .... vaaleanpunainen	不得意 .... osaamaton / tumpelo	ベトナム .... Vietnam
貧血 .... anemia	ふとった .... lihava	ヘビ .... käärme
品質 .... laatu	船 .... laiva	部屋 .... huone
ピンチ .... varallinen tilanne	船着き場 ..... satama	減る .... vähentyä
貧乏な .... köyhä	船便 .... laivaposti	ベルト .... vyö
ファックス ..... faksi	船酔い .... merisairaus	ペン .... kynä
ファッション ..... muoti	部分 .... osa	弁解 .... selitys
フィリピン .... Filippiinit	不便 .... hankala	勉強する .... opiskella
フィルム .... filmi	不法 .... laiton	偏見 .... vino ajatus
風刺 .... pilailu	不法入国 ...... laiton maahan tulo	変更する .... muuttaa
夫婦 .... aviopari	不法滞在 .... luvaton oleskelu	弁護士 .... asianajaja
封筒 .... kirjekuori	不眠症 .... unettomuus	返事 .... vastaus
笛 .... huilu	ブーム .... buumi	弁償する .... korvata
フェリー .... lautta	ふやす .... lisätä	べんとう .... eväs
ふえる .... lisääntyä / kasvaa	冬 .... talvi	ヘンな .... outo
フォーク（食器） .. haarukka	ブラウス .... pusero	便秘 .... ummetus
フォークソング . kansanlaulu	ブラシ .... harja	返品する .... palauttaa tavara
フォーマル ...... juhlallinen	ブラジャー ...... rintaliivi	便利 .... kätevä
部下 .... alainen	プラスチック .... plastiikki	貿易 .... kaupankäynti
深い .... syvä	フラッシュ禁止 salamavalon käyttö kielletty	方言 .... murre
不可能 .... mahdottomuus	プラチナ .... platina	冒険 .... seikkailu
服 .... vaatteet	フランス .... ranska	方向 .... suunta
複雑 .... monimutkainen	ブランデー ...... konjakki	防止 .... torjunta
腹痛 .... mahakipu	～が降る .... sataa ~	ぼうし .... hattu
ふくむ .... sisältää	古い .... vanha	ぼうし（キャップ） . lakki
フクロウ .... pöllö	ブルーベリー .. mustikka	ぼうし（毛糸の） pipo
不景気 .... lama	ブレスレット ..... rannerengas	縫製 .... ompelu
不幸な .... surullinen	プレゼント ...... lahja	宝石 .... jalokivi
ふざけるな! .... Älä viitsi! / Ole kunnolla!	風呂 .... kylpy	放送 .... lähetys
不思議 .... ihmeellinen	プロ .... ammattilainen	方法 .... tapa / keino
侮辱する .... halventaa	フロント .... vastaanotto	訪問する .... käydä
不親切 .... epäystävällinen	糞 .... paska	法律 .... laki
ふせぐ .... suojella	～分（時間） ..... minuutti	ほかの .... toinen / muu

牧師 .... (prots.) pappi	まがる .... kääntyä	湖 .... järvi
牧場 .... niitty	巻く .... kääriä	水着 .... uimapuku
ポケット .... tasku	マクドナルド .... makkari	水玉 .... pilkullinen
保険 .... vakuutus	まくら .... tyyny	店 .... kauppa / liike
保険会社 .... vakuutusyhtiö	マグロ .... tonnikala	(〜を)見せる .. näyttää
保護 .... suojelu	負ける .... hävitä	見せて! .... näytä!
ホコリ .... pöly	孫 .... lapsenlapsi	味噌 .... miso
誇り .... kunnia	まじめ .... vakava	道 .... tie
星 .... tähti	まずい(食物) .. pahanmakuinen	みつける .... löytää
欲しい .... haluta	まずい(事態) .. kannattamaton	見積り .... arvio
補償 .... vakuutus	まずしい .... köyhä	密輸する .... salakuljetus
保証する .... vakuuttaa	まだ〜ある ..... vieläkin	みとめる .... hyväksyä
保証金 .... takuusumma	まだ〜ない ..... ei vielä	緑色 .... vihreä
保証書 .... takuutodistus	待合室 .... odotussali	皆(みな) .... kaikki / jokainen
保証人 .... takaaja	待ち合わせ ..... tapaaminen	港 .... satama
干す .... kuivattaa	まちがい .... virhe	南 .... etelä
ポスト .... postilaatikko	待つ .... odottaa	みにくい .... ruma
細い .... kapea / hieno	マッサージ ..... hieronta	ミネラルウォーター .. kivennäisvesi
ホットコーヒー .. kahvi	まっすぐ .... suora	身分証明書 .... henkilötodistus
ホットシャワー .. suihku	祭り .... juhla	見本 .... malli
ホテル .... hotelli	〜まで .... asti / saakka	耳 .... korva(t)
ボート .... vene	窓 .... ikkuna	脈拍 .... pulssi
歩道 .... kävelytie	まにあう .... ehtiä	みやげ .... matkamuisto
ほとんど .... melkein	マニキュア ..... kynsilakka	苗字 .... sukunimi
ほとんど全部 melkein kaikki	マネる .... matkia	明晩 .... ensi iltana
ボーナス .... boonus	まもなく .... kohta / pian	未来 .... tulevaisuus
骨 .... luu	守る .... suojella	魅力的 .... viehättävä
ほほ .... poski	豆 .... papu	見る .... katsoa / nähdä
ほほえみ .... hymy	麻薬 .... huume	ミルク .... maito
ほめる .... kehua	まゆげ .... kulmakarva(t)	民芸品 .... kotiteollisuustuotteita
ボランティア ... hyväntekeväisyys	迷う .... eksyä	民主主義 .... demokratia
掘る .... kaivaa	まるい .... pyöreä	民族 .... kansa
ホール .... sali	まるで〜 .... aivan kuin	民族音楽 .... kansanmusiikki
ポルトガル ..... Portugali	マレーシア ..... Maleesia	民族舞踊 .... kansantanssi
ボールペン ..... kuulakärkikynä	回す .... kääntää	むかえる .... ottaa vastaan
本 .... kirja	万 .... kymmenen tuhatta	むかし .... aikaisemmin
本棚 .... kirjahylly	満員 .... täynnä	無効 .... mitätön / kelpaamaton
香港 .... Hong Kong	マンガ .... sarjakuva	ムシ .... ötökkä / hyönteinen
ほんとうに ..... todella	満足する .... olla tyytyväinen	ムシ刺され ..... hyönteisen pisto
ほんもの .... aito / todellinen	まん中 .... keskus	ムシ歯 .... reikiintynyt hammas
本屋 .... kirjakauppa	満腹 .... täysi maha	無職 .... työtön
翻訳する .... käännös	実 .... siemen	むずかしい ..... vaikea
	見送る .... saattaa	息子 .... poika
ま 行	みがく .... kiillottaa	むすぶ .... sitoa
毎(回、日など) joka	右 .... oikea	娘 .... tytär
毎日 .... joka päivä	未婚 .... naimaton	ムダづかい ..... tuhlaus
前に(時間) ..... ennen	岬 .... niemi	夢中 .... olla hullaantua
前に(場所) ..... edessä	みじかい .... lyhyt	胸 .... rinta
前金 .... ennakkomaksu	水 .... vesi	ムーミン .... Muumi
前払い .... etukäteismaksu	水色 .... vaaleansininen	村 .... kylä

紫	violetti
ムリな	mahdoton
無料	ilmainen
目	silmä
名産品	maakuntaruokia
名刺	käyntikortti
名詞	substantiivi
名所	kuuluisa paikka
命じる	käskyä
迷信	taikausko
迷惑	harmi
メガネ	silmälasit
目薬	silmätipat
(…を)目指す	tähdätä
メス	naaras
めずらしい	harvinainen
めったに〜ない	harvoin
めでたい	onnittelujen arvoinen
メートル	metri(ä)
メニュー	ruokalista
めまいがする	pyörryttää
メールアドレス	sähköpostiosoite
面(お面)	naamio
綿	puuvilla
麺	nuudeli
免税	verovapaa
免税店	verovapaa myymälä
面積	pinta-ala
めんどくさい	vaivalloinen
もう〜した	jo
申し込み	hakemus
申し訳ない	olen pahoillani
儲ける	tienata
盲腸炎	umpisuolentulehdus
毛布	peitto
燃える	palaa
目的	päämäärä
目的地につく	olla perillä
目的語	objekti
目標	tavoite
木曜日	torstai
もし〜ならば	jos
文字	kirjain
もしもし	haloo
もち	riisikakku
持ち主	omistaja
もちろん	tietysti / totta kai
もったいない	hukka / aivan liikaa
持っている	olla / omistaa
持っていく	viedä
持ってくる	tuoda
もてなす	kestitä
物	tavara / esine
物語	tarina
樅	kuusi
模様(図柄)	kuvio
森	metsä
もらう	saada
門	portti
問題(problem)	ongelma
問題ない(No problem)	Ei mtään ongelmia

や 行

八百屋	vihanneskauppa
焼き増し	lisäkuva
野球	baseball
約(およそ)	noin
焼く	paistaa / polttaa
ヤクザ	yakuza(gangsteri)
約束	lupaus
約束する	luvata
役に立つ	kätevä
ヤケド	palovamma
野菜	kasvis / vihannes
優しい	ystävällinen
易しい	helppo
ヤシ	kookospalmu
安い	halpa
安売り	ale / alennusmyynti
やすみ	lepo / tauko
やすむ	levätä / pitää tauko
やせた	laiha
屋台	ruoka kioski
家賃	asunnonvuokra
薬局	apteekki
やとう	palkata
屋根	katto
破る	repiä
山	vuori / tunturi
ヤモリ	gekko lisko
やわらかい	pehmeä
湯	kuuma vesi
ゆううつ	raskas
遊園地	huvipuisto
有害	haitallinen
有効期限	voimassaoloaika
優勝	voitto
友情	ystävyys
夕食	päivällinen / illallinen
友人	toveri / ystävä
郵送する	postittaa
郵便	posti
郵便局	postitoimisto
郵便番号	postinumero
郵便料金	postituskulut
有名な	kuuluisa
有料	maksullinen
床	lattia
ゆかい	hauskuus
雪	lumi
雪が降る	sataa lunta
輸出	vienti
ゆたか	rikas / vauras
ゆっくり	hitaasti
ゆっくり試してください	Voitko puhua hitaasti?
ゆでる	kiekauttaa
輸入	tuonti
指	sormi
指輪	sormus
夢	uni
夢を見る	nähdä unta
ユーモア	huumori
ユリ	lilja
良い	hyvä
酔う	humaltua
用意する	valmistella
陽気な	iloinen
ようこそ!	Tervetuloa!
用事	asia(t) / tekeminen
用心する	olla varovainen
ようす	asioiden tila / ulkonäkö
余暇	loma
預金する	tallettaa
よく(何度も)	usein
横	sivu / leveys
横になる	maata
予想	ennustus
予報	ennuste
予防	ehkäisy
欲	halu
よごれる	likaantua
予算	budjetti
ヨット	purjevene
(〜に)よって	riippuu 〜
予定	suunnitelma
よぶ	kutsua
読む	lukea
嫁	miniä
予約	varaus
夜	ilta / yö

よろ→わん

よろこばせる ... ilahduttaa	歴史 .... historia	割引き .... alennus
よろこぶ .... olla hyvillään	レストラン .... ravintola	割る .... jakaa
ヨーロッパ .... Europpa	列車 .... juna	割る(割り算) ... jakolasku
よわい .... heikko	レート(為替) ... kurssi	悪い .... huono
4 .... neljä	レバー .... maksa	湾 .... lahti
	レモン .... sitruuna	
	練習する .... harjoitella	

ら行

来月 .... ensi kuu	レンタカー .... vuokra auto
ライター .... sytytin	レントゲン .... röntgen
来年 .... ensi vuona	連絡する .... ottaa yhteyttä
ライ麦 .... ruis	老眼 .... ikänäkö
楽 .... helppo	老人 .... vanhus
ラジオ .... radio	ロウソク .... kynttilä
ラズベリー ...... vadelma	労働者 .... työläinen
ラップランド .... Lappi	6 .... kuusi
理解する .... ymmärtää	6月 .... kesäkuu
陸 .... maa	録音する .... äänittää
離婚 .... avioero	ロケット .... raketti
理想 .... ihanteellinen / ideaali	ロシア .... venäjä
リス .... orava	ロック .... rokki
立派 .... upea	ロビー .... eteishalli
理由 .... syy	ローン .... laina
留学 .... ulkomailla opiskelu	
留学生 .... ulkomailla opiskelija	
交換留学 .... oppilasvaihto	

わ行

流行 .... muoti	輪 .... pyörä
量 .... määrä	わいせつな ..... säädytön / rivo
寮 .... asuntola	わいろ .... lahjus
両替する .... vaihtaa rahaa	ワイン .... viini
料金 .... maksu	赤ワイン ...... punaviini
領事館 .... konsulaatti	白ワイン ...... valkoviini
領収書 .... kuitti	若い .... nuori
領土 .... reviiri	若者 .... nuoret
両方 .... molemmat	沸かす .... keittää
料理 .... ruoka	わがまま .... itsekäs
～料理 .... ~ ruoka	わかる .... ymmärtää
料理する .... laittaa ruokaa / keittää	わかりにくい . epämääräinen
旅券番号 .... passinumero	わかりやすい ... selkeä
旅行 .... matka	わかれる .... erota
旅行者 .... matkaaja / turisti	わける .... erottaa / jakaa
旅行代理店 . matkatoimisto	わざと .... tahallaan
リンゴ .... omena	わずらわしい .... vaivalloinen
臨時 .... lisä	忘れる .... unohtaa
留守 .... poissa kotoa	私 .... minä
ルームメイト ... huonetoveri	私たち .... me
例 .... esimerkki	私の .... minun
霊 .... haamu	わたす .... antaa / ojentaa
冷蔵庫 .... jääkaappi	渡り鳥 .... muuttolintu
冷凍庫 .... pakastin	わたる .... ylittää
冷房 .... ilmastointi	ワニ .... krokotiili
	わらう .... nauraa

第4部

フィンランド語→日本語単語集

第4部では、約2500の単語を収録しています。
旅行者にとって必要度の高い言葉、深い内容を話すための言葉を厳選しています。

a

aalto	波
aamiainen	朝食
aamu	朝
aamulla	朝に
aamupäivä	午前
aarre	宝
Aasia	アジア
Afrikka	アフリカ
ahkera	勤勉な
ahmatti	食いしんぼう
AIDS	エイズ
aika	期間/時間
aikaero	時差
aikainen	早い
aikaisemmin	むかし
aikataulu	時刻表
aikuinen	おとな
aina	いつも
aine	材料
ainut lapsi	ひとりっ子
aistit	感覚
aito	ほんもの
○ aivan kuin	まるで〜
aivan liikaa	もったいない
aivot	脳
ajaa	運転する/剃る
ajaa takaa	追う
ajanjakso	期限
ajasta jäljessä	時代遅れ
ajatella	考える
ajatus	考え/アイデア
ajokortti	運転免許証
ala	範囲
ala-	下
ala-aste	小学校
alainen	部下
alapuoli	下
alaston	はだか
ale	安売り
alennus	割引き
alennusmyynti	安売り
alentaa	値引きする
alkeiskurssi	初級
alkoholi	酒
alkuperä	原産地
allekirjoitus	サイン
allergia	アレルギー
aloittaa	はじめる
alue	区/地域/地方
alusvaate	下着
ambulanssi	救急車
Amerikan Yhdysvallat	アメリカ合衆国
Amerikka	アメリカ
ammattikoulu	専門学校
ammattilainen	プロ
anemia	貧血
ankara	きびしい
ankka	アヒル
ansio	特徴
antaa	あげる(に)/わたす
antaa lahja	贈る
anteeksi	ごめんなさい
apina	サル
appelsiini	オレンジ
apteekki	薬屋
arkkitehtuuri	建築
arpa	宝くじ
arvio	見積り
arvoesineet	貴重品
arvoinen	価値がある
arvosana	成績
asema	駅/地位
asia(t)	用事
asiakas	客
asianajaja	弁護士
asioiden tila	ようす
asti	〜まで
asua	住む
asukas	人口
asunnonvuokra	家賃
asuntola	寮
ateria	食事
atomipommi	原子爆弾
atomivoima	原子力
atomivoimala	原子力発電所
aukio	広場
aukko	穴
auringonnousu	日の出
aurinko	太陽
aurinkosuoja	日焼け止め
Australia	オーストラリア
autiomaa	砂漠
auto	自動車
automaatti	自動
auttaa	助ける/てつだう
avain	カギ
avaruus	宇宙
avata	開ける/開放する
avioero	離婚
aviopari	夫婦
avoin	開放的
avustaa	援助する/協力する

b

baari	バー
bakteeri	細菌
bambu	竹
banaani	バナナ
baseball	野球
bensiini	ガソリン
boonus	ボーナス
Buddha	釈迦
Buddhalainen	仏教徒
Buddhalaisten pappi	僧侶
Buddhalaisuus	仏教
Buddhan patsas	仏像
budjetti	予算
bussi	バス
buumi	ブーム

c

CD（セーデー）	CD
chili	とうがらし

d

demokratia	民主主義
desinfioida	消毒
dieetti	ダイエット
diplomatia	外交
disko	ディスコ
dokumentti	書類
dollari	ドル

e

edellinen päivä	先日
edessä	〜の前に(場所)
edustaja	代理人
Eesti	エストニア
ehdottomasti	絶対に
ehdotus	提案
ehkä	たぶん
ehkäisy	避妊/予防

ehkäisylääkkeet	避妊薬	epäkohtelias	失礼な	\multicolumn{2}{c	}{**h**}
ehtiä	まにあう	epämääräinen	わかりにくい		
ehto	条件	epäonnistuminen	失敗	haamu	霊
ei	いいえ	epäröidä	ためらう	haarukka	フォーク（食器）
ei koskaan	決して〜ない	epäsuosittu	人気がない	haastaa oikeuteen	訴える
Ei mtään ongelmia	問題ない	epätavallinen	異常	haava	潰瘍/傷
ei muista	覚えていない	epäystävällinen	不親切	haiseva	くさい
ei muistuta	似ていない	erikoinen	独特	haitallinen	有害
ei ole	ない	erittäin	たいへん	hajuvesi	香水
ei osaa	〜できない	erityinen	特別	hakemus	申請/申し込み
ei saman näköinen	似ていない	eroaminen	退職	halata	抱く
Ei se mitään	どういたしまして	erota	ちがう/わかれる	hallitus	重役/政府
ei tarvitse	いらない	erottaa	わける	haloo	もしもし
ei välitä	気にしない	esi-isät	先祖	halpa	安い
ei vielä	まだ〜ない	esikaupunki	郊外	halu	欲
ei voi	〜できない	esimerkiksi	たとえば	haluta	欲しい
eilen	昨日	esimerkki	例	halveksia	軽べつする
eilisilta	昨晩	esine	物	halventaa	侮辱する
Eipä kestä	どういたしまして	esite	パンフレット	hame	スカート
eksyä	迷う	esitellä	紹介する	hammas	歯
elefantti	ゾウ	Espanja	スペイン	hammasharja	ハブラシ
elegantti	上品	eteishalli	ロビー	hammaslääkäri	歯医者
elinkustannukset	生活費	etelä	南	hammastahna	ハミガキ粉
elintalo	物価	Etelä-Korea	韓国	hampurilainen	ハンバーガー
eloisa	にぎやかな	etikka	酢	hankala	不便
eloisuus	活発	etsiä	探す	hanskat	てぶくろ
elokuu	8月	etu-	正面	hapan	すっぱい
elokuva	映画	etukäteismaksu	前払い	harja	ブラシ
elokuvateatteri	映画館	Europpa	ヨーロッパ	harjoitella	練習する
elää	生きる	eväs	べんとう	harjoittelu	研修
eläin	動物	\multicolumn{2}{c	}{**f**}	harmaa	灰色
eläintarha	動物園			harmi	残念/迷惑
eläke	年金	faksi	ファックス	harmillinen	惜しい
elämä	人生/生活/生命	farkut	ジーンズ	harrastus	趣味
englannin kieli	英語	Filippiinit	フィリピン	harsotaite	湿布
Englanti	イギリス	filmi	フィルム	harvinainen	めずらしい
ennakkomaksu	前金	flunssa	風邪	harvoin	めったに〜ない
ennen	前に（時間）	flunssalääke	風邪薬	hassu	おもしろい
ennuste	予報	Formosa	台湾	hattu	ぼうし
ennustus	おみくじ/予想	fyysisesti vammainen	身体障害者	haukkua	ののしる
ensi iltana	明晩	\multicolumn{2}{c	}{**g**}	hauska	たのしい
ensi kerralla	（次回）			hauskuus	ゆかい
ensi kuu	来月	gekko lisko	ヤモリ	hauta	墓
ensi vuona	来年	golffi	ゴルフ	hautajaiset	葬式
ensimmäinen	いちばん/最初	grammma	グラム	he	彼ら
ensimmäinen kerros	1階	grillaaminen	バーベキュー	hedelmä	くだもの
ensimmäistä kertaa	はじめて	gynegologi	産婦人科	hedelmätarha	果樹園
epäillä	疑う			heikko	よわい

heikko kohta	短所	hopea	銀	hätäuloskäytävä	非常口
heikko ääninen	声が小さい	hotelli	ホテル	hävitä	負ける
heikottaa	気が遠くなる	housut	ズボン/パンツ	hävytön	スケベ
heinäkuu	7月	huhtikuu	4月	häämatka	新婚旅行
heittää	投げる	huhu	噂	häät	結婚式
heittää pois	すてる	huijata	だます		
helmi	真珠	huilu	笛	**i**	
helmikuu	2月	hukka	もったいない	idea	アイデア
helposti pilaantuva	腐りやすい	humaltua	酔う	ideaali	理想
helpottaa	気が楽になる	hunaja	ハチミツ	ihanteellinen	理想
helpotus	安心	huolehtia	心配する	ihmeellinen	不思議
helppo	簡単な/易しい/楽	huoltoasema	ガソリンスタンド	ihminen	人間
helvetti	地獄	huomenna	明日	ihmisrotu	人種
hengittää	吸う	huomio	注意	iho	皮膚
henki	命	huone	部屋	ihotautilääkäri	皮膚科
henkilötodistus	身分証明書	huonetoveri	ルームメイト	ikkuna	窓
herkullinen	おいしい	huono	下手/悪い	ikkunaluukku	シャッター
hermostua	緊張する	huono käytös	行儀が悪い	ikuinen	永久
hermot	神経	huono olo	気分が悪い	ikä	歳
herätä	起きる/さめる	huonoin	最悪	ikänäkö	老眼
herättää	起こす	huonokäytöksinen	態度が悪い	ikävyys	たいくつ
herättää ihailua	感心する	huuli	くちびる	ilahduttaa	よろこばせる
heti	すぐに	huulipuna	口紅	ilkeäkielinen	口が悪い
hevonen	馬	huume	麻薬	illallinen	夕食
hevoskilpailut	競馬	huumori	ユーモア	ilma	空気
hidas	おそい	huutaa	さけぶ	ilmainen	無料
hidasjärkinen	にぶい	huvipuisto	遊園地	ilmaista	表現する
hiekka	砂	hymy	笑顔/ほほえみ	ilmanjäähdytin	クーラー
hieno	細い	hyttynen	蚊	ilmapiiri	雰囲気
hieronta	マッサージ	hyvä	いい/上手い	ilmasto	気候
hiili	炭	hyvä käytös	行儀がいい	ilmastointi	エアコン/冷房
hiiri	ネズミ	hyvä näköala	ながめがいい	ilmoittaa	知らせる
hiki	汗	hyvä olo	気分がいい	ilmoittautua	申告する/登録する
hiljainen	静かな	hyväkäytöksinen	態度がよい	ilmoitus	はり紙
hiljaisuus	しずか	hyväksyä	合格/ひき受ける/みとめる	ilmoitustaulu	看板
hillo	ジャム	hyvänmakuinen	おいしい	iloinen	明るい(性格)/うれしい
Hindulaisuus	ヒンズー教	hyväntekeväisyys	ボランティア	iloita	たのしむ
hinta	値段	hyvätuoksu	いい香り	ilotyttö	売春婦
historia	歴史	Hyvää päivää	こんにちは	ilta	夜
hitaasti	ゆっくり	Hyvää yötä	おやすみなさい	iltapäivä	午後
hiukset	髪/毛	hyödytön	くだらない	impotenssi	インポテンツ
hiusten leikkaus	散髪	hyönteinen	ムシ	imupilli	ストロー
hiustenkuivaaja	ドライヤー	hyönteisen pisto	ムシ刺され	Indonesia	インドネシア
hiustenlähtö	脱毛	häiritä	じゃまをする	inflaatio	インフレ
hiustyyli	ヘアスタイル	hämähäkki	クモ	inhota	嫌になる
hoitaa	世話する/治療する	hän	彼	innostua	興奮する
Hollanti	オランダ	häpy	女性器	insinööri	エンジニア
Hong Kong	香港	hätä-	緊急	internetti	インターネット

Intia	インド
iso	大きい
isosisko	姉
isoveli	兄
istua	すわる
istumapaikka	座席
isä	父
isänmaanrakkaus	愛国心
isoäiti	祖母
isoisä	祖父
Italia	イタリア
Italialainen	イタリア人
itkeä	泣く
itse	自分
itsekäs	勝手な/わがまま
itsenäisyyspäivä	独立記念日
itsepäinen	頑固
itsestäänselvyys	あたり前
itä	東/東洋
Itä-aasia	東アジア
Itä-Eurooppa	東ヨーロッパ
itämainen	東洋人
Itämeri	バルト海

j

j.K.r	西暦
ja	そして
jade	ヒスイ
jakaa	わける/配達する/割る
jakolasku	割る（割り算）
jalka	足
jalkaisin	徒歩
jalkapallo	サッカー
jalokivi	宝石
Japani	日本
japanilainen	日本人
japanilainen ruoka	日本食
japanin jeni	日本円
japanin kieli	日本語
jatkaa	つづける
jatkua	つづく
jatsi	ジャズ
jo	すでに/もう
johtaa	経営する
joka	毎(回/日など)
joka päivä	毎日
joka toinen päivä	1日おき
jokainen	皆（みな）
joki	川
jos	もし〜ならば
joulu	クリスマス
joulukuu	12月
joulupukki	サンタクロース
juhla	パーティー/祭り
juhlallinen	フォーマル
juhlat	宴会
julkaista	発行する
jumala	神
juna	列車
juoda	飲む
juoma	飲み物
juomalasi	コップ
juomavesi	飲料水
juoppo	酒飲み
juosta	走る
juuri	ちょうど
jälkeläinen	子孫
jälkiruoka	デザート
järjestää	かたづける
järvi	湖
jäsen	会員
jäsen kortti	会員証
jättää säilytykseen	あずける
jäykkäkouristus	破傷風
jää	氷
jäädä yöksi	泊まる
jääkaappi	冷蔵庫
jääkahvi	アイスコーヒー
jääkiekko	アイスホッケー
jäännös	のこり
jäätelö	アイスクリーム
jäätyä	こおる

k

kaasu	ガス
kaatua	ころぶ/たおれる
kadonnut tavara	落とし物
kadottaa	なくす
kahdeksan	8
kahden hengen huone parivuoteella	ダブルルーム
kahvi	ホットコーヒー
kahvila	喫茶店
kaikin voimin	一生懸命
kaikki	すべて/全員
kaivaa	掘る
kaivata	あこがれる/恋しい
kakata	うんちをする
kakka	大便
kakku	ケーキ
kaksi	2
kala	魚
kalastus	釣り
kalenteri	カレンダー
kaljuus	ハゲ
kallis	高い（値段）
kamala	ひどい
Kambosia	カンボジア
kamera	カメラ
kampa	くし（櫛）
kampaamo	美容院
kana	ニワトリ
Kanada	カナダ
kananliha	とり肉
kananmuna	タマゴ
kangas	布
kangistua	しびれる
kannattamaton	まずい（事態）
kansa	民族
kansainvälinen puhelin	国際電話
kansalainen	国民
kansalaisuus	国籍
kansallislaulu	国歌
kansallislippu	国旗
kansallispuisto	国立公園
kansanlaulu	フォークソング
kansanmusiikki	民族音楽
kansantanssi	民族舞踊
kansi	フタ
kantaa	はこぶ
kantaa selässä	背負う
kapea	せまい/細い
kapitalismi	資本主義
kapitalisti	資本家
karata	にげる
kartta	地図
karvas	にがい
karvat	毛
kasetti	カセットテープ
kasino	カジノ
kastike	ソース
kasvaa	成長する/ふえる
kasvattaa	そだてる
kasvi	植物
kasvis	野菜

kasvitieteellinen	植物園	kerta	～回	kilogramma	キログラム
kasvonpesu	洗顔	~ kertaa	～倍	kilometri	キロメートル
kasvot	顔	kerätä	集める	kilpailu	競争
kateellinen	うらやましい	kerääntyä	集まる	kilpikonna	亀
katkaisija	スイッチ	Keski-itä	中近東	kiltti	おとなしい
katkarapu	エビ	keskimäärä	平均	kioski	キオスク/売店
katolinen	カトリック	keskipäivä	正午	kipeä	いたい
katsoa	見る	keskisormi	中指	kippis	乾杯
kattila	ナベ	keskitaso	中級/標準	kirja	本
katto	天井/屋根	keskittyä	集中する	kirjahylly	本棚
katu	通り	keskittymiskyky	集中力	kirjain	文字
katua	後悔する	keskiviikko	水曜日	kirjakauppa	本屋
kauan	ずっと	keskus	中心/中	kirjakieli	文語
kauan aika	長い間	keskustelu	会話	kirjalisuus	文学
kaukana	遠い	kestää	我慢する	kirjallinen sopimus	契約書
Kauko itä	東南アジア	kestitä	もてなす	kirjan lukeminen	読書
kaula	首	kesä	夏	kirjasto	図書館
kaulus	エリ(襟)	kesäkuu	6月	kirjattu lähetys	書留
kauneushoitola	エステ	kesäloma	夏休み	kirje	手紙
kaunis	うつくしい/きれいな	keuhko	肺	kirjekuori	封筒
kaupankäynti	貿易	keuhkokuume	肺炎	kirjoittaa	発行する/書く
kauppa	店	keuhkoputkentulehdus	気管支炎	kirkko	教会
kauppatori	市場	keuhkotauti	結核	kirsikankukka	サクラ
kauppias	商人	kevät	春	kirurgi	外科
kaupungintalo	市役所	kevyt	軽い	kirvesmies	大工
kaupunki	市/都市	kiekauttaa	ゆでる	kissa	ネコ
~ kautta	～経由で	kieli	ことば/舌	kitara	ギター
kehittää	改良する	kielioppi	文法	kivekset	睾丸
kehitys	現像	kielto	禁止	kivennäisvesi	ミネラルウオーター
kehitysmaat	発展途上国	kiertoajelu	観光	kivi	石
kehua	ほめる	kihara	パーマ	klassinen	クラシック
keino	方法	kiillottaa	みがく	koe	試験
keitto	スープ	Kiina	中国	kohta	まもなく
keittiö	台所	kiinalainen	中国人	kohtelias	ていねいな
keittää	炊く/煮る/沸かす/料理する	kiinalainen tee	中国茶	koira	犬
kello	時計(置時計)	kiinan kieli	中国語	koiras	オス
kellua	浮く	kiinostaa	興味がある	koivu	白樺
kelpaamaton	無効	kiinteistö	不動産	kokeilla	ためす
keltainen	黄色	kiinteistö välittäjä	不動産屋	kokemus	経験
kemia	化学	kiirehtiä	いそぐ	kokis	コカコーラ
kengät	靴	kiireinen	いそがしい	kokki	コック
kenkäkauppa	靴屋	kiireinen asia	急用	koko	大きさ
kepponen	いたずら	kiitollisuuden velka	恩	koko elämä	一生
keramiikka	陶器	kiitos	ありがとう	kokous	会議
kerjäläinen	乞食	kiittää	感謝する	kolera	コレラ
kerma	クリーム	kiittämätön	恩知らず	kolikko	硬貨
kerros	～階	kiivetä	登る	kolmas	3等
kerrostalo	ビル	kikkeli	おちんちん	kolme	3

kolmio	三角	
komea	カッコイイ	
kommunismi	共産主義	
kondomi	コンドーム	
konduktööri	車掌	
kone	機械	
konjakki	ブランデー	
konsertti	コンサート	
konsulaatti	領事館	
kookospalmu	ヤシ	
kopioida	コピーする	
koralli	サンゴ	
korealainen	韓国人	
kori	カゴ	
koristaa	飾る	
korjata	修理する	
korkea	高い(高さ)	
korkea verenpaine	高血圧	
korkeus	縦	
kortti	カード	
koru	アクセサリー	
korva(t)	耳	
korvalääkäri	耳鼻咽喉科	
korvata	代わる/弁償する	
koska	なぜならば/いつ	
koskea	さわる	
kostea	しめった	
kosteus	湿度	
koti	家庭	
kotieläin	家畜	
kotiinpaluu	帰国	
kotimainen	国産の	
kotirouva	主婦	
kotiseutu	故郷	
kotiteollisuustuotteita	民芸品	
kotityöt	家事	
koulu	学校	
koulutus	教育	
kova	硬い	
kova ääninen	声が大きい	
köyhä	貧乏な	
krapula	二日酔い	
kriittinen tila	重体	
kristinusko	キリスト教	
krokotiili	ワニ	
kuitti	領収書	
kuivaa	乾く	
kuivapesu	ドライクリーニング	

kuivattaa	乾かす/干す	
kuivattu	乾燥した	
kuka	だれ	
kukka	花	
kukkia	咲く	
kukoistaa	繁栄する	
kuljettaja	運転手	
kulkutauti	伝染病	
kulmakarva(t)	まゆげ	
kulta	金	
kulttuuri	文化	
kulu	費用	
kummallinen	変わり者	
kummitus	オバケ	
kummitustarina	怪談	
kuningas	王様	
kunnia	誇り	
kunnioittaa	尊敬する	
kunta	郡	
kuolla	死ぬ	
kuopus	末っ子	
kuorma-auto	トラック	
kuoro	合唱	
kurkku	キュウリ	
kurpitsa	カボチャ	
kurssi	授業/レート(為替)	
kustannusyhtiö	出版社	
kuten aina	相変わらず	
kutina	かゆい	
kutistua	ちぢむ	
kutittaa	くすぐったい	
kutomatuote	織物	
kutsu	招待	
Kutsu tulkki.	通訳の人を呼んで	
kutsua	さそう/よぶ	
kuu	月	
kuukautiset	月経	
kuulakärkikynä	ボールペン	
kuulla	聞く	
kuuluisa	有名な	
kuuluisa paikka	名所	
kuuma	暑い	
kuuma lähde	温泉	
kuuma vesi	湯	
kuumelääke	解熱剤	
kuumemittari	体温計	
kuusi	6/樅	
kuva	絵	

kuvalehti	雑誌	
kuvanveisto	彫刻	
kuvio	模様(図柄)	
kuvitella	想像する	
kyky	能力	
kylä	村	
kyllä	はい(肯定)	
kyllästyä	飽きる	
kylmä	さむい/つめたい	
kylpy	風呂	
kylpyamme	バスタブ	
kymmenen	10	
kymmenen tuhatta	万	
kynä	ペン	
kynsi	爪	
kynsilakka	マニキュア	
kynttilä	ロウソク	
kysymys	疑問/質問	
kyynel	なみだ	
kärpänen	ハエ	
kärsivällinen	気が長い	
käsi	手	
käsilaukku	ハンドバッグ	
käsimatkatavara	手荷物	
käsineet	てぶくろ	
käsittää väärin	誤解する	
käskyä	命じる	
kätevä	便利/役に立つ	
kävellä	あるく	
kävelytie	歩道	
käydä	訪問する	
käyntikortti	名刺	
käyttää	つかう	
käyttömaksu	使用料	
käännös	翻訳する	
kääntää	回す	
kääntyä	まがる	
kääriä	つつむ/巻く	
käärme	ヘビ	

L

laatikko	箱	
laatu	品質	
lahja	プレゼント	
lahjakas	天才	
lahjakkuus	才能	
lahjoitus	寄付	
lahjus	わいろ	

lahti	湾	leikkaus	手術	liukua	すべる
laiha	やせた	leipä	パン	loiset	寄生虫
laina	借金/ローン	leipomo	パン屋	loistava	えらい/すばらしい
lainata	貸す/借りる（お金がからまない）	lelu	おもちゃ	lokakuu	10月
		lemmikkieläin	ペット	loma	休暇/余暇
laine lautailu	サーフィン	lempeä	素直	lompakko	サイフ
laiton	不法	lempinimi	愛称	loppu	終わり
laiton maahan tulo	不法入国	lentoemäntä	スチュワーデス	loppua	終わる
laitos	施設	lentokenttä	空港	loppuunmyyty	売り切れる
laittaa	入れる/置く	lentokenttä vero	空港税	loukata	傷つける
laittaa ruokaa	料理する	lentokone	飛行機	loukkaantuminen	ケガ
laittaa väliin	はさむ	lentolippu	航空券	lounas	昼食
laittaa yhteen	くっつける	lentoposti	航空便	lounasaika	昼休み
laiva	船	lentoyhtiö	航空会社	luja	じょうぶ
laivaposti	船便	lentää	飛ぶ	lukea	読む
laji	種類	lepo	やすみ	lukio	高校
lakana	シーツ	levätä	やすむ	lukita	カギをかける
laki	法律	leveä	広い(幅)	lukumäärä	人数
lakki	ぼうし(キャップ)	leveys	横	lumi	雪
lama	不景気	levittää	広げる	luoda	つくる
lampi	池	liehitellä	口説く	luokkatoveri	クラスメート
lanka	糸	liha	肉	luonne	性格
Lappi	ラップランド	lihakauppa	肉屋	luonnonlääke	漢方薬
lapsellinen	こどもっぽい	lihas	筋肉	luonnonvarat	資源
lapsenlapsi	孫	lihava	ふとった	luonto	自然
lapsi	こども	liike	店	luopua	あきらめる
lasi	ガラス	liikenne	交通	luottaa	信頼する/信じる
laskea	数える/さがる	liikenne maksu	運賃	luottokortti	クレジットカード
laskettelu	スキー	liikenneonnettomuus	交通事故	lupa	許可
laskeutua	着陸する	liiketoiminta	商売/営業職	lupaus	約束
laskeutuminen	着陸	liikunta	運動する	lusikka	スプーン
laskostaa	たたむ	liimata	貼る	luu	骨
lasku	請求書	liioittelu	おおげさ	luulla	思う
lattia	床	liittää yhteen	接続/つける	luvata	約束する
lauantai	土曜日	likaantua	よごれる	luvaton oleskelu	不法滞在
laukku	カバン	likainen	きたない	lyhyt	みじかい
laulaa	歌う/鳴く(鳥が)	likinäköinen	近眼	lyhyt aika	短期
laulaja	歌手	lilja	ユリ	lyijykynä	エンピツ
laulu	歌	lima	痰/鼻水	lykätä	延期する
laulun sanat	歌詞	lintu	鳥	lyödä	打つ/たたく/なぐる
lause	文章	lippu	旗	lyödä vetoa	賭ける
lautanen	皿	lipuntarkastuspiste	改札口	läheinen ystävä	親友
lautta	フェリー	lisukkeet	おかず	lähellä	近い
lehmä	牛	lisä	臨時	lähes	およそ〜
lehti	葉	lisäkuva	焼き増し	lähestyä	近づく
lehtimies	ジャーナリスト	lisätä	加える/ふやす	lähettää	送る
leija	凧	lisää	追加する	lähettäjä	差出人
leikata	切る	lisääntyä	ふえる	lähetys	放送

lähteä	出発する	makeiset	菓子	meno	片道
lähtö	発車する	makkari	マクドナルド	menolippu	片道切符
lähtöaika	出発時間	maksa	肝臓/レバー	menopaluu	往復
läksyt	宿題	maksaa	払う	menopaluu lippu	往復切符
lämmin	暖かい	maksatulehdus	肝炎	meri	海
lämmitys	暖房	maksu	料金	merisairaus	船酔い
lämpö	体温	maksullinen	有料	merivoimat	海軍
lämpö(tila)	温度	maku	味	merkitys	意味
lämpötila	気温	makuuhytti	寝台車	metri(ä)	メートル
länsi	西	Maleesia	マレーシア	metro	地下鉄
Länsi-Eurooppa	西ヨーロッパ	malli	見本	metsä	森
länsimaalainen	西洋人	mansikka	イチゴ	mielenkiintoinen	おもしろい
länsimaat	西洋	mantere	大陸	mieli	精神
lääkäri	医者	marraskuu	11月	mielipide	意見
lääke	薬	matala	低い	mielisairaus	精神病
lääni	県	matematiikka	算数	miellyttää	気に入る
löytää	みつける	matka	旅行	mies	夫/男
		matkaaja	旅行者	miksi ?	なぜ?
m		matkailukohde	観光地	mikä	どれ?
maa	国/陸	matkajohtaja	添乗員	mikä ?	なに?
maahanmuutto toimisto	入管	matkalaukku	スーツケース	milloin	いつ
maailma	世界	matkamuisto	みやげ	millä tavalla	どうやって?
maakuntaruokia	特産物	matkan pituus	距離	miniä	嫁
maalata	絵をかく/塗る	matkapuhelin	携帯電話	minun	私の
maaliskuu	3月	matkashekki	トラベラーズチェック	minuutti	〜分(時間)
maan alla	地下	matkatoimisto	旅行代理店	minä	私
maanantai	月曜日	matkia	マネる	Minä en tiedä	私は知らない
maanpinta	地面	matkustaja	乗客	Minä tiedän	私は知っている
maantiede	地理	mauste	調味料	miso	味噌
maanviljelijä	農民	mausteet	香辛料	missä	どこ
maanviljelys	農業	me	私たち	mitata	計る
maapallo	地球	mehiläinen	蜂	miten	どうやって?
maaseutu	いなか	mehu	ジュース	mitta	寸法
maastalähtö	出国	meikata	化粧する	Mitä kuuluu ?	元気ですか?
maata	横になる	meikkituote	化粧品	mitä ?	なに?
maha	胃	melkein	ほとんど	mitätön	無効
maha on täynnä	お腹が一杯	melkein kaikki	ほとんど全部	modernisti	近代化
mahakipu	腹痛	meluisa	うるさい	molemmat	両方
mahdollinen	可能	menettää	うしなう	monenlaisia	いろいろ
mahdollisuus	機会	menettää työpaikka	失業する	monimutkainen	複雑
mahdoton	ムリな	mennä	行く	monta	たくさん
mahdottomuus	不可能	mennä kävelylle	散歩する	montako	何個
mainos	広告	mennä kihloihin	婚約する	montako henkilöä ?	何人
maisema	景色	mennä naimisiin	結婚する	montako lajia ?	何種類
maissi	トウモロコシ	mennä rikki	こわれる	montako tuntia ?	何時間
maistaa	味見する	mennä sisään	入る	montako ?	いくつ
maito	牛乳	mennä ulos	でかける/出る	moottori	エンジン
makea	あまい	menneisyys	過去	moottoripyörä	オートバイ

moottoritie	高速道路	naapuri	隣	nälkäinen	お腹のすいた
morsian	花嫁	naapurusto	近所	näytä !	見せて!
muhamettilainen	イスラム教徒	naaras	メス	näytös	劇
muhamettilaisuus	イスラム教	nahka	皮	näyttää	(〜を)見せる
muistaa	覚えている	naimaton	独身	näyttämö	舞台
muistamaton	思い出せない	naimisissa	既婚	näyttelijä	俳優
muistella	思い出す	nainen	女性		
muisto	思い出	napa	へそ	o	
muistoksi	記念に	naudanliha	牛肉	objekti	目的語
muistopäivä	記念日	naula	クギ	odottaa	期待する/待つ
muistuttaa	思い出させる/似ている	nauraa	わらう	odottaa peruutusta	キャンセル待ち
mukula	イモ	nauttia	遊ぶ	odotussali	待合室
multa	土	ne	それら	ohittaa	通過する
munakoiso	ナス	neitsyt	処女	ohjaaja	監督
munuaiset	腎臓	neliö	四角	ohjata	操作する
muodollisuudet	手続き	neljä	4	ohut	うすい
muoti	ファッション/流行	nenä	鼻	oikea	ただしい/右
muoto	形	nenäliina	ハンカチ/ティッシュペーパー	oikea puoli	表
muovi	ビニール	neuvo	相談	oikeudenmukaisuus	正義
murehtia	悩む	neuvotella	交渉する	oikeus	権利
murre	方言	niemi	岬	oikeuslaitos	裁判所
murtaa	折る	niemimaa	半島	ojentaa	わたす
murtuma	骨折	niitty	牧場	oksettaa	吐く
museo	博物館	nimetönsormi	くすり指	Ole kunnolla !	ちゃんとしろ!
musiikki	音楽	nimi	氏名/題名	olen pahoillani	申し訳ない
musta	黒い	noin	約(およそ)	olettaa	仮定する
mustekala	イカ/タコ	nokkosihottuma	じんましん	olkaa hyvää,ja ~	どうぞ〜して下さい
mustikka	ブルーベリー	nolla	ゼロ	olkapää	肩
mutta	しかし	nopea	速い	olla	居る/持っている
muu	ほかの	noppa	サイコロ	olla eroja	差がある
Muumi	ムーミン	Norja	ノルウェー	olla hullaantua	夢中
muuten	ところで	nostaa (ylös)	上げる(上に)	olla huolissaan	気になる
muuttaa	移籍する/ひっこす/変更する	nousta	起きる/乗る	olla huonolla tuulella	機嫌が悪い
muuttolintu	渡り鳥	nukke	人形	olla hyvä ~	〜が得意
muuttua	変わる	nukkua	眠る	olla hyvällä tuulella	機嫌がいい
myrkky	毒	numero	数字/番号	olla hyvillään	よろこぶ
myydä	売る	nuorempi henkilö	歳下の	olla hävettävää	はずかしい
myyjä	店員	nuoret	若者	olla kunnossa	だいじょうぶ
myyntiautomaatti	自動販売機	nuori	若い	olla kuumetta	熱が出る
myyntimies	セールスマン	nuorukainen	青年	olla kärsimätön	イライラする/気が短い
myöhä	おそい	nurja puoli	裏	olla mustasukkainen	嫉妬する
myöhästyä	おくれる/遅刻する	nuudeli	麺	olla perillä	目的地につく
myöhemmin	あとで	nykyaikaisuus	近代化	olla pulassa	困る
määrä	量/数	nyrjäyttää	ネンザする	olla sama	等しい
mäki	坂	nyt	今	olla taloudellinen	節約する
		nähdä	見る/会う	olla tyytyväinen	満足する
n		nähdä unta	夢を見る	olla varovainen	気をつける
naamio	面(お面)	nähdä vaivaa	苦労する	olla vastuussa	責任がある

olla vihainen	怒る
olla viisas	頭がいい
olo	気持ち
olohuone	居間
olut	ビール
omena	リンゴ
omistaa	持っている
omistaja	持ち主
omituinen	変わり者
ompelu	縫製
on janossa	のどが乾く
onania	オナニー
ongelma	問題
onnea	おめでとう
onnekas	運がいい
onneksi olkoon	おめでとう
Onneksi olkoon!	幸運を祈ります!
onnettomuus	事故
onni	幸福/運
onnistua	成功する
onnitella	いわう
onnittelujen arvoinen	めでたい
opas	ガイド
opaskirja	ガイドブック
opastaa	案内する
opettaa	教える
opettaja	先生
opiskelija	学生
opiskella	勉強する
oppia	ならう
oppikirja	教科書/テキスト
oppilas	生徒
oppilasvaihto	交換留学
oppivelvollisuus	義務教育
orava	リス
osa	部分
osaamaton	不得意
osata	～できる
osoite	住所
osoittaa	指す
ostaa	買う
ostokset	買い物
osuma	当てる
ottaa	取る
ottaa kiinni	つかまえる
ottaa vastaan	むかえる
ottaa yhteyttä	連絡する
ottelu	試合
outo	あやしい/奇妙な
ovi	ドアー
oy.(osakeyhtiö)	株式会社

p

paahtoleipä	トースト
pahanmakuinen	まずい(食物)
pahoinvointi	吐き気
paikallis	現地の
paikka	席/場所
paikka numero	座席番号
painaa	押す/印刷する
painava	重い
paino	重さ/体重
paistaa	炒める/焼く
paistaa öljyssä	揚げる
paita	シャツ
paitsi ~	～以外
pakastin	冷凍庫
paketti	小包
paketti matka	ツアー
pakolainen	難民
paksu	厚い
pala	ごはん
palaa	こげる/燃える
palata	帰る
palauttaa	返す
palauttaa tavara	返品する
paljon	たくさん
paljon	多い
paljonko kello on?	何時
paljonko?	いくら
palkata	やとう
palkinto	賞/賞品
palkka	給料
palkkatyöntekijä	会社員
palkkio	手数料
palokunta	消防署
palovamma	ヤケド
palvelumaksu	サービス料
pankki	銀行
pankkikortti	キャッシュカード
panssarivaunu	戦車
panttilainaamo	質屋
paperi	紙
pappi	牧師/神父
papu	豆
parantua	回復する/治る
paras	最高の
paratiisi	天国
paristo	電池
parkkipaikka	駐車場
parranajokone	ヒゲそり
parta	ヒゲ
partaveitsi	カミソリ
paska	大便
passi	パスポート
passinumero	旅券番号
pehmeä	やわらかい
peili	鏡
peitto	毛布
pelaaja	選手
peli	ゲーム
pelikortit	トランプ
pelottava	こわい
pelto	畑
penis	男性器
perhe	家族/家庭
perheen vanhin poika	長男
perhonen	蝶
perinteellinen	伝統的
perinteinen ruoka	郷土料理
periytyminen	遺伝
perjantai	金曜日
persoonallinen	個性的
peruna	ジャガイモ
perustaminen	設立
perustuslaki	憲法
peruuttaa	ことわる/キャンセルする
peruuttaminen	中止
peräaukko	肛門
peräpukamat	痔
pestä	洗う
pestä pyykkiä	洗濯する
pesu	クリーニング
pesujauho	洗剤
pettää	裏切る/浮気する
pian	まもなく
piano	ピアノ
pidentää	延長する
pidättää	逮捕する
pidättäytyä	遠慮する
pieni	ちいさい
pienin	最小
pieru	おなら
piha	庭

pihi	けち	porras	階段	pyhäpäivä	祭日
pihvi	ステーキ	portti	門	pysähtyä	止まる
piilolasit	コンタクトレンズ	Portugali	ポルトガル	pysäköinti	駐車する
piilottaa	かくす	positiivinen	積極的	pysäköinti kielletty	駐車禁止
piiloutua	かくれる	poski	ほほ	pyyhe	タオル
pikajuna	急行列車	posti	郵便	pyyhekumi	消しゴム
pikalähetys	速達	postikortti	絵はがき	pyytää	たのむ
pikanuudeli	インスタントラーメン	postilaatikko	ポスト	pyytää anteeksi	謝る
pikkuhousut	パンティー	postimerkki	切手	pyörä	輪
pikkusisko	妹	postinumero	郵便番号	pyöräily	サイクリング
pikkusolmi	小指	postitoimisto	郵便局	pyöreä	まるい
pikkutarkka	神経質	postittaa	郵送する	pyörryttää	めまいがする
pikkuveli	弟	postituskulut	郵便料金	päivä	昼
pilaantua	腐る	potilas	患者	päiväkirja	日記
pilailu	風刺	potkaista	ける	päivällinen	夕食
pilkullinen	水玉	presidentti	大統領	pätevyys	資格
pilvenpiirtäjä	高層ビル	prostituutio	売春	pää	頭
pilvi	雲	protestoida	抗議する	pääaine	専攻
pimeä	暗い	pudota	落ちる	pääkaupunki	首都
pinta-ala	面積	pudottaa	落とす	päällikkö	支配人
pipo	ぼうし(毛糸の)	puhdas	きれいな/衛生的	päämäärä	目的
pippuri	コショウ	puhdas kulta	純金	pääministeri	首相
pissa	尿	puhekieli	口語	päänsärky	頭痛
pistorasia	コンセント	puhelias	口が軽い	päästä kouluun	入学
pitää	好き/履く/おこなう	puhelin	電話	päästä pois sairaalasta	退院
pitää tauko	やすむ	puhelinluettelo	電話帳	pääsy kielletty	立入禁止
pitkä	長い	puhelinnumero	電話番号	pääsymaksu	入場料
pituus	身長/縦	puhua	話す	päättää	決める
pivinen	くもり	puisto	公園	päättyä	済む
plastiikki	プラスチック	pukea	着る	pöllö	フクロウ
platina	プラチナ	puku	スーツ	pöly	ホコリ
pohja	底	pullo	ビン	pöydä	机
pohjoinen	北	pulssi	脈拍	pöytä	テーブル
poika	少年/男の子/息子	punainen	赤い		

r

poissa kotoa	留守	punastua	赤面する
poissaolo	欠席	punatauti	赤痢	raaka	生
poistaa	消す	punaviini	赤ワイン	raamattu	聖書
poistua	降りる	puoli	半分	radio	ラジオ
poliisi	警察/警察官	puoli kuukautta	半月	raha	おカネ
poliisilaitos	警察署	puoli päivää	半日	rajat	範囲
politiikka	政治	puoli vuotta	半年	rajoitus	制限
politiikko	政治家	puolittainen	いいかげん	rakas	なつかしい
polkupyörä	自転車	pureskella	噛む	rakas	恋人
polttaa	焼く	puristaa	しぼる	rakastaa	愛する/恋する
polttaa tupakkaa	タバコを吸う	purjevene	ヨット	rakastaja	愛人
pommittaa	爆撃する	pusero	ブラウス	rakennus	建物
pomo	上司	puu	木	rakentaa	建てる
ponnistella	努力する	puuvilla	綿	raketti	ロケット

rakkaus	愛/恋	rintaliivi	ブラジャー	saaste	公害
rannekello	時計(腕時計)	ripuli	下痢をする	saattaa	見送る
rannerengas	ブレスレット	ripulilääke	下痢どめ	sade	雨
ranska	フランス	risteys	交差点	saippua	セッケン
ranta	海岸	rivo	わいせつな	sairaala	病院
rapu	カニ	rokki	ロック	sairaanhoitaja	看護婦
rasismi	人種差別	romaani	小説	sairas	病気/病人
raskaana oleva	妊婦	roska	ゴミ	sake	日本酒
raskas	つらい/ゆううつ	roskakori	ゴミ箱	Saksa	ドイツ
raskaus	妊娠	rotuerottelu	人種差別	salaatti	サラダ
rasva	脂肪	rouva	奥様	salainen	秘密
ratkaista	解決する	ruis	ライ麦	salakuljetus	密輸する
rauha	平和	ruiske	注射	salamavalon käyttö kielletty	フラッシュ禁止
rauhallinen	静かな	rukoilla	いのる	salanumero	暗証番号
rauniot	遺跡/旧跡	rukoilla	おがむ	sali	ホール
rauta	鉄	ruma	みにくい	sama	同じ
rautatie	鉄道	rumpu	太鼓	saman näköinen	似ている
ravinto	栄養	runo	詩	sammakko	カエル
ravintola	レストラン	ruoansulatuslääke	胃腸薬	sammua	消える
ravintola vaunu	食堂車	ruoho	草	sana	単語
ravit	競馬	ruoka	食べ物/料理	sanakirja	辞書
rehellinen	正直者	~ ruoka	～料理	sananlasku	ことわざ
rehellisyys	正直	ruoka kioski	屋台	sandaalit	サンダル
rehvastella	いばる	ruokahalu	食欲	sankari	英雄
reikiintynyt hammas	ムシ歯	ruokala	食堂	sanko	バケツ
reiluus	公平	ruokalista	メニュー	sanoa	言う
rekka	トラック	Ruotsi	スウェーデン	sanomalehti	新聞
repiä	破る	ruskea	茶色	sarjakuva	マンガ
retkeily	ハイキング	ruskettuminen	日焼け	sashimi(raakoja kalanpaloja)	刺身
retki	ピクニック	ruuhka	渋滞	sataa ~	～が降る
reuna	端	ruuhkautua	混雑する	sataa lunta	雪が降る
reviiri	領土	ruukku	瓶(カメ)	satama	港
revontulet	オーロラ	ryhmä	グループ/団体	sateenvarjo	カサ
riidellä	ケンカする	ryöstö	強盗	sattua rengasrikko	パンクする
riippuu ~	(～に)よって	räikeä	ハデな	sattumalta	偶然
riisi	米	räjähtää	爆発する	sauna	サウナ
riisikakku	もち	röntgen	レントゲン	savu	けむり
riisikulho	茶わん	röyhtäys	ゲップ	se	それ
riisin keitin	炊飯器			seikkailu	冒険
riisipelto	たんぼ	**S**		seinä	壁
riisivilja	稲	saada	得る/もらう	seisoa	立つ
riisua	脱ぐ	saada potkut	首になる(解雇)	seitsemän	7
rikas	金持ち/ゆたか	saakka	～まで	sekoittaa	かきまぜる
rikkoa	こわす	saappaat	ブーツ	seksikäs	セクシー
rikkomus	違反	saapua maahan	入国する	selittää	説明する
rikollinen	犯人	saapuminen	到着する	selitys	弁解
rikos	罪/犯罪	saapumisaika	到着時刻	selkeä	晴れ/わかりやすい
rinta	胸	saari	島	sen jälkeen	それから

seteli	紙幣
setä	おじ
seuraava	次
seutu	地方
shampoo	シャンプー
shekki	小切手
sianliha	ブタ肉
siellä	そこ
siemen	実
sihteeri	秘書
siirtomaa	植民地
siirtyä syrjään	引退する
siirtyä yläasteelle	進学する
siirtää	移す
siivous	そうじ
sika	ブタ
silitysrauta	アイロン
silkki	絹
silloin	当時
silmä	目
silmä lääkäri	眼科
silmälasit	メガネ
silmätipat	目薬
silta	橋
simpukka	貝
sinetti	印鑑
Singapore	シンガポール
sininen	青い
sinkku	独身
sinun	あなたの
sinä	あなた/おまえ
sipuli	タマネギ
sisarukset	兄弟
sisältää	ふくむ
sisältö	内容
sisäpuhelin	内線
sisäpuoli	中
sisäänkäynti	入り口
siskot	姉妹
sitkeä	しつこい
sitoa	むすぶ/しばる
sitruuna	レモン
sitten	そして/それから
sivu	ページ/横
sivutyö	アルバイト
slummi	スラム
soida	鳴る
soija	しょうゆ
soitin	楽器
soittaa	演奏する/電話する
sokeri	砂糖
sokeritauti	糖尿病
sopia	合う
sopimus	条約
sopiva	ちょうどいい
sormi	指
sormus	指輪
sorsa	鴨
sota	戦争
sotaväki	軍隊
sotilas	軍人
sovittaa	試着する
spagetti	スパゲッティー
substantiivi	名詞
suhde	関係
suhteellinen	比率
suihku	ホットシャワー
suitsuke	線香
sukat	くつした
sukkahousut	ストッキング
sukulainen	親戚
sukunimi	苗字
sukupuoli	性
sukupuolitauti	性病
sulkea	閉める/閉店する
sumu	霧
sunnuntai	日曜日
suojelija	お守り
suojella	ふせぐ/守る
suojelu	保護
suola	塩
suolainen	しおからい
suoli	腸
suora	まっすぐ
suosittu	人気がある
suositus	推薦
supermarket	スーパーマーケット
surullinen	悲しい/不幸な
suu	口
suukko	キス
suunnitelma	計画
suunnittelma	予定
suunnittelu	デザイン
suunta	方向
suuntanumero	市外局番
suurenmoinen	偉大
suuri	大きい
suurin	最大
suurlähettiläs	大使
suurlähetystö	大使館
Sveitsi	スイス
sydän	心/心臓
syksy	秋
synnyttää	産む
synnytys	出産
syntyä	生まれる
syntymäkuukausi	生まれ月
syntymäpäivä	誕生日
syntymävuosi	生年
sytytin	ライター
syvä	深い
syy	原因/理由
syyskuu	9月
syödä	食べる
syömäpuikot	箸
syöpä	ガン
sähkö	電気
sähköjännite	電圧
sähköjuna	電車
sähkölamppu	電灯
sähköposti	Eメール
sähköpostiosoite	メールアドレス
säilykepurkki	缶づめ
sänky	ベッド
särkylääke	鎮痛剤
sää	天気
säädytön	わいせつな
säälittävä	かわいそう
sääntö	規則
säätää	調整する
säätiedotus	天気予報
söpö	かわいい

t

tahallaan	わざと
tai	あるいは
taide	芸術
taidemuseo	美術館
taideteos	芸術品
taifuuni	台風
taikausko	迷信
taistella	戦う
taitava	上手い
taiteilija	芸術家

taito	美術	tavata	会う	todella	ほんとうに
taittaa	折る	tavata jälleen	再会する	todellinen	ほんもの
taivaan	地平線	tavoite	目標	todellisuudessa	実際は
taivas	空	te	あなたたち	todistaja	証人
tajuton	気を失う	teatteri	劇場	todiste	証拠
takaaja	保証人	tee	紅茶/茶	todistus	証明書
takaisinmaksu	払い戻し	teekuppi	茶わん	toimisto	事務所
~ takana	～の後ろで	tehdas	工場	toimitusjohtaja	社長
taksi	タクシー	tehdä	つくる/おこなう	toinen	ほかの/他人
taksi asema	タクシー乗り場	tehdä lähtöilmoitus	チェックアウト	toinen luokka	2等
takuusumma	保証金	tehdä saapumisilmoitus	チェックイン	toinen maailmansota	第2次世界大戦
takuutodistus	保証書	tehdä uudelleen	くり返す	toisella puolella	反対側
tallettaa	預金する	tehty mittojen mukaan	仕立てる	toisinsanoen	あるいは
talo	家	teini-ikäinen	十代の若者	toissapäivä	おととい
taloudellinenkasvu	経済成長	teippi	セロテープ	toivoa	いのる/希望する
taloudellinenkriisi	経済危機	tekeminen	用事	toivomus	望み
talous	経済	tekniikka	技術	Tokio	東京
taloustiede	経済学	tekstiili	テキスタイル	tomaatti	トマト
talvi	冬	televisio	テレビ	tonnikala	マグロ
tammikuu	1月	temppeli	寺院	tontti	土地
Tanska	デンマーク	tennis	テニス	toofu	豆腐
tanssi	ダンス	teollisuus	工業/製造業	torakka	ゴキブリ
tanssi	踊り	terve	元気	tori	広場
tanssia	踊る	tervehdys	あいさつ	torjunta	防止
tapa	習慣/方法	tervehtiminen	あいさつ	torstai	木曜日
tapaaminen	待ち合わせ	Tervetuloa !	ようこそ！	torua	しかる
tapahtuma	行事	terveys	健康	tosi asiassa	実は…
~ tapauksessa	(～の)場合	terveys-side	生理用品	tosiaan	なるほど
tapella	たたかう	terävä	するどい	totta kai	もちろん
tappaa	殺す	Thaimaa	タイ	tottua	慣れる
tarina	物語	tie	道/通り	totuus	真実
tarjoilija	ウエイター/ウエイトレス	tiede	科学	toukokuu	5月
tarkastaminen	検査	tiedekunta	学部	toveri	友人
tarkistaa	たしかめる	tienata	儲ける	T-paita	Tシャツ
tarkoitus	意味	tieto	情報/知識	tsempata	がんばる
tarpeeksi	充分/たりる	tietokone	コンピューター/パソコン	tsemppiä !	がんばれ！
tarttua	くっつく	tietysti	もちろん	tuhat	千
tarvike	材料	tietää	知る	tuhka	灰
tarvita	要る	tietää hyvin	くわしい	tuhkakuppi	灰皿
tasapaino	平均的な	tiikeri	トラ	tuhlaus	ムダづかい
tasku	ポケット	tiistai	火曜日	tukikohta	基地
taskulamppu	懐中電灯	tikku	くし(串)	tukka	髪
taskuvaras	スリ	tilata	注文する	Tukholma	ストックホルム
tauko	やすみ/休憩	tilausajo	チャーター	tulehdus	炎症
tavallinen	普通	tili	会計/口座	tulevaisuus	将来/未来
tavallisesti	多くの場合/普通は	tilinumero	口座番号	tuli	火
tavara	商品/荷物/物	timantti	ダイヤモンド	tulinen	辛い
tavaratalo	デパート	tiukka	きつい	tulipalo	火事

ta → tu

121

tulivuori	火山
tulkata	通訳する
tulla	来る
tulla hulluksi	気が狂う
tulla toimeen	気が合う
tulos	結果
tulot	収入
tulppaani	チューリップ
tulva	洪水
tumma	濃い
tumpelo	不得意
tunne	感情/気持ち
tunneli	トンネル
tuntea kaunaa	うらむ
tuntea vastenmielisyyttä	うんざりする
tunturi	山
tuo	あの/あれ
tuo henkilö	あの人
tuo kaveri	あいつ
tuo paikka	あそこ
tuoda	持ってくる
tuoksu	香り
tuonti	輸入
tuoreus	新鮮
tuottaa	生産する
tupakka	タバコ
tupakointi	喫煙
tupakointi kielletty	禁煙
turisti	旅行者/観光客
turkki	毛皮
turvallinen	治安がいい
turvallisuus	安全
turvautua	たよる
tusina	ダース
tuskaista	くるしい
tutkia	研究する/しらべる
tutkimus	診察
tutustua	見学する
tuuli	風
tyhjä	空いている
tyhmä	バカ
tylsä	つまらない
tyttö	少女/女の子
tyttöystävä	彼女
tytär	娘
tyylikäs	カッコイイ/オシャレ/上品
tyyny	まくら
työ	工事/仕事
työlainen	工員
työlainen	労働者
työntää	押す
työskennellä	はたらく
työtön	無職
tähdätä	(…を)目指す
tähdenlento	流れ星
tähti	星/スター
tällä kertaa	今度(今回)
tällä tavalla	このように
tällähetkellä	現在
tämä	この/これ
tämä ilta	今晩
tämä kerta	今回
tämä kuu	今月
tämä paikka	ここ
tämä viikko	今週
tämän verran	このくらい
tänä aamuna	今朝
tänä vuonna	今年
tänään	今日
tärkeä	大切
täsmällinen	正確な
tässä	ここ
täti	おば
täynnä	いっぱい/満員
täysi maha	満腹
täytetty voileipä	サンドイッチ
täyttää	記入する
tölkki olut	缶ビール
törmätä	ぶつかる

u

uhri	犠牲
uida	泳ぐ
uimapuku	水着
uinti	水泳
ulkomaa	外国
ulkomaalainen	外国人
ulkomaan valuutta	外貨
ulkomaat	海外
ulkomailla opiskelija	留学生
ulkomailla opiskelu	留学
ulkomailla valmistettu	外国製
ulkonäkö	ようす
ulkopuoli	外
uloskäynti	出口
ulostaa	うんちをする
ulostuslääke	下剤
ummetus	便秘
umpisuolentulehdus	盲腸炎
unettomuus	不眠症
uni	夢
uninen	ねむい
unohtaa	忘れる
upea	立派
upota	しずむ
urheilu	スポーツ
urheilukenttä	競技場
uros	オス
usein	よく(何度も)
uskaltaa ~	思いきって~する
uskoa	信じる
uskonto	宗教
uskovainen	敬虔な
uteliaisuus	好奇心
uudelleen	ふたたび
uusi	新しい
uusi painos	再発行
uusivuosi	正月
uusin	最新
uutiset	ニュース

v

vaaleahiuksinen	金髪
vaaleanpunainen	ピンク
vaaleansininen	水色
vaali	選挙
vaarallinen	あぶない/治安が悪い
vaate	衣服
vaatia	請求する
vaatimaton	地味な
vaatteet	服
vadelma	ラズベリー
vahinko	損害
vahva	つよい
vahva kohta	長所
vai	それとも
vaihtaa	変える/交換する/乗り換える
vaihtaa rahaa	両替する
vaihtaa vaatteet	着替える
vaihtoraha	つり銭
vaihtorahat	おつり
vaikea	むずかしい
vaikutelma	感想
vaikuttaa	効く

vaikutus	印象/影響/効果	vartalo	からだ	vieras	他人
vaimo	妻/奥様	vasen	左	vieressä	そばに
vaivalloinen	めんどくさい	vastaa	答える	viesti	伝言
vakava	たいへん/深刻/まじめ	vastaanottaa	受け取る	Vietnam	ベトナム
vakuuttaa	保証する	vastaanotto	受付/フロント	vihannes	野菜
vakuutus	保険/補償	vastanaineet	新婚	vihanneskauppa	八百屋
vakuutusyhtiö	保険会社	vastaus	返事	vihko	ノート
vale	うそ	vastenmielisyys	きらい	vihreä	緑色
valita	選ぶ	vastustaa	反対する	viikko	週
valittaa	苦情を言う	vatsa	胃	viileä	すずしい
valkoinen	白	vauhti	スピード	viiletä	さめる
valkoviini	白ワイン	vauras	ゆたか	viime aikona	最近
vallankumous	革命	vauva	あかちゃん	viime kuu	先月
valmistaa	準備する/製造する	vedenpitävä	耐水性	viime viikko	先週
valmistella	用意する	vehnäjauho	小麦粉	viime vuonna	去年
valmistuminen	卒業	veitsi	ナイフ	viimeinen	最後
valo	光	velli	粥	viini	ワイン
valoisa	明るい	velvollisuus	義務	viinirypäle	ブドウ
valokuva	写真	vene	ボート	viisas	かしこい
valokuvaaminen kielletty	撮影禁止	venäjä	ロシア	viisi	5
valokuvaaminen sallittu	撮影可	verenpaine	血圧	viisumi	ビザ
valokuvaaja	カメラマン	verenvuoto	出血	viiva	線
valokuvaamo	写真屋	verhot	カーテン	vika	欠点/故障
valtionraja	国境	veri	血	vilkaista	覗く
valuutta	通貨	veriryhmä	血液型	villa	ウール
valvonta	規制	vero	税金	villapaita	セーター
vanha	古い/歳とった	verovapaa	免税	vilpitön	誠意
vanhemmat	親	verovapaa myymälä	免税店	vino ajatus	偏見
vanhempi henkilö	歳上の	verrata	比べる	violetti	紫
vanhin tytär	長女	vesi	水	viranomainen	公務員
vanhus	老人	vesijohto	水道	virhe	まちがい
vankila	刑務所	vesijohtovesi	水道水	Viro	エストニア
vapaa	空いている	vesikauhu	狂犬病	virrata	ながれる
vapaa-aika	ひま	vessa	トイレ	virtsa	おしっこ
vapaapaikka	自由席	vessa paperi	トイレットペーパー	viski	ウイスキー
vapaapäivä	休日	veto	賭けごと	vitsi	じょうだん
vapaus	自由	vetää	抜く/ひっぱる	vittu	女性器
vapauttaa	解放する	vetää	引く	viulu	ヴァイオリン
varallinen tilanne	ピンチ	vetää ulos	引き出す	voi	バター
varas	泥棒	viaton	純粋	voida	～できる
varastaa	盗む	video	ビデオデッキ	voima	パワー
varasto	倉庫	videonauha	ビデオテープ	voimassaoloaika	有効期限
varat	範囲	viedä	持っていく	Voitko puhua hitaasti ?	ゆっくり話してください
varaus	予約	viehättävä	魅力的	voittaa	勝つ/得する
varjo	影	vieläkin	まだ～ある	voitto	優勝
varkaus	盗難	vienti	輸出	vuodenaika	季節
varma	確かな(sure)	vierailla	訪れる	vuodenajat	四季
varmasti	必ず	vieras	客	vuokra asunto	貸家

va → vu

vuokrahuoneisto	アパート	yleisöpuhelin	公衆電話
vuokrata	貸す/借りる	yleisö-WC	公衆トイレ
	(お金がからむ)	yllellinen	豪華な/ぜいたくな
vuokra auto	レンタカー	ylihuomenna	あさって
vuori	山	yliopisto	大学
vuosisata	世紀	yliopisto-opiskelija	大学生
vuositulo	年収	ylittää	越える/わたる
vyö	ベルト	ylläpitää	維持する
vyötärö	腰	yllättyä	おどろく
vähän	すこし	ylpeillä	自慢する
vähän aikaa sitten	さっき	yläaste	中学校
vähäpuheinen	口が重い	ylös	上
vähemmistö	少数民族	ymmärtää	理解する/わかる
vähentyä	減る	ympäristö	環境
vähittäiskauppa	小売り	ympäristö ongelma	環境問題
väkiluku	人口	yritys	会社
vältellä	避ける	yskä	咳
väri	色	ystävä	友人
värifilmi	カラーフィルム	ystävällinen	優しい
värjätä	染める	ystävällisyys	親切
väsyä	つかれる	ystävyys	友情
väsynyt	つかれた	yö	夜
väärennös	ニセモノ	yöpyä	宿泊する
		yötön yö	白夜

y

yakuza(gangsteri)	ヤクザ
yhdeksän	9
yhden hengen huone	シングルルーム
yhdessä	いっしょ
yhdistää	つなぐ
yhdyntä	性交
yhtäkkiä	突然
yhteiskunta	社会
yhtiö	会社
yksi	1
yksi kerta	1回
yksi päivä	1日
yksi viikko	1週(間)
yksin	一人で
yksin opiskella	独学する
yksinäinen	孤独/さびしい
yksipuolinen	一方的
yksityinen	私立
yksityis-	個人
yksityisyrittäjä	実業家
yleensä	たいてい/普通は
yleis kustannukset	経費
yleisesti	一般的

ä

äiti	母
äkkipikaisuus	短気
Älä viitsi !	ふざけるな！
älykäs	かしこい
ääni	音/声
äänittää	録音する
ääntäminen	発音

ö

öljy	油/石油
ötökkä	ムシ

あとがき

　フィンランドと聞いて、皆さんは何を連想するでしょうか。ムーミン、サンタクロース、キシリトール？　それとも、サウナ、森と湖、白夜、オーロラ？

　「寒い」という言葉を連想する人もいるでしょう。たしかに寒いです。ハンパでなく寒いです。しかも暗い。ま、そのおかげで、オーロラを見ることができるんですけどね。一番南のほうにある首都のヘルシンキが、北海道のずっと上、カムチャッカ半島のつけ根くらいの緯度に位置します（地図があったらぜひ見てみてください）。

　当然といえば当然なのですが、冬は南フィンランドでも−20℃以下を記録することがあります。それでも人々は、フツーに生活しています。どんなに寒くても、お布団は外に干しますし、どんなに大雪が降ろうとも、道路が凍っていようとも、バスやトラムはほとんど時刻表どおりに運行します。

　私は幸運なことに（運が悪いと言うのかもしれませんが）、観測史上最低気温を記録した日に、ラップランドに行ってしまったことがありました。その時の気温は−51.5℃。想像できます？　寒いというより、痛いという感じでしたね。寒冷地仕様の車のドアは凍りついて開かないし、エンジンはなかなかかからないし。やっとエンジンがかかったとき、暖房を入れてもいっこうに暖まらず、車内で手袋、マフラー、帽子を身につけていても震えがとまらない。外に出た瞬間、鼻がなんだかムズムズするのでなんだろうと思ったら、鼻毛が一瞬にして凍っている（バナナと釘とバラの花を持っていくべきだった！）。

　そんな日でも、おじいちゃんとおばあちゃんが仲良く散歩をしている姿を見かけました。人間ってスゴイ。逆に夏は、南フィンランドで最高気温30℃を記録する日もあります。しかも一日じゅう明るい。その気温差、なんと50℃以上。つくづく、人間ってスゴイ。

　こんな厳しい気候のせいか、フィンランド人は、シャイでまじめで親切。そして、お酒が入るとハジける。私は日本人と似ている部分があると感じます。

　バス停でバスを待っていても、話しかけてくる人はいませんし（たまに若い男の子が「タバコ一本ゆずってくれる？」と小銭を出すことはありますが）、トラムも電車もバスも時間どおりにやって来て、街で道を尋ねても、みんな丁寧に教えてくれます。バーでは、ナンパすることだってあります。

　フィンランド人の国民性を表すとき、「sisu」という言葉をつかうことがあります。これは、"フィンランド魂"と訳されたりします。根性とか粘り

強さとか、けっして妥協しない頑強さを指して言うのですが、そういうところも日本人の国民性と似ているような。

　いっぽうフィンランドは、自殺者の数や肥満の人の数は世界トップクラス。離婚率が非常に高い国でもあります。

　何年も一緒に住んでいて子供がいても籍を入れないカップルも多く、ある友人に「なんで結婚しないの？」と聞いたら、「だって、籍が入っていようがいまいが状況は変わらないし、離婚するかもしれないじゃん」とサラッと返されたこともありました。フィンランドでは、事実婚が社会的に認知されているのです。それは、女性の70％が仕事を持っていて、全労働力の48％を占めているからというのも理由のひとつかもしれません。

　フィンランド語では、「彼」も「彼女」も、同じ「hän」という単語で表わします。「男女平等の国だからよ」と言う人もいますし、「女性が強いからね」という人もいます。たしかに、レディー・ファーストという習慣はありません（少なくとも私にはないように思えました）。たとえばデパートの入り口で、女性にドアを開けてくれる男性はおろか、すぐ後を歩いていても押さえていてくれる人も滅多にいません。フランス人の友人は「信じられなーい！」と腹を立てていましたっけ。世界で初めて、女性に同時に選挙権および被選挙権が認められたという歴史や文化がその背景にあるのでしょうね。ちなみに今の大統領は、フィンランド史上初めての女性大統領です。

　と、私が見たフィンランドの一部をお話しましたが、まだまだ、フィンランドの魅力はいっぱいです。ぜひ、この本を持って、あなたなりのフィンランドを見つけに行ってください。

　最後に。限られた時間で、丹念に拙稿に目を通してくださった佐藤千佳さん、Pertti Kangasniemiさんご夫妻（とても勉強になりました）、私の抽象的な説明をいつも笑顔で理解してくれ、見事におちゃめなイラストを描いてくださったイラストレーターの曽根愛さん、正体不明の私に執筆の機会を与えてくださった情報センター出版局と私の意見を嫌な顔ひとつせず尊重してくださった担当の安藤さん、いまどきのフィンランドを教えてくれたRaisa & Sauli、電話での突然の相談にも即答してくれたSuoma & Isamu、そして、勇気と自身を与えてくれたJosha。ありがとうございます。ほかにも、本当にたくさんの方々の協力と理解と応援を得て、本書を完成させることができました。心より感謝いたします。

　そして、この本を手にとってくれた、あなたにも。

　Kiitoksia paljon ja Hyvää matkaa kaikille!!

2002年7月　台風上陸間近の横浜にて

青木エリナ

著者◎青木エリナ（あおき・えりな）

父はコーヒーとダンスをこよなく愛する日本人、母は納豆と麻雀をこよなく愛するフィンランド人。このような環境にありながら、フィンランド語をいっさい話すことができず、フィンランドという国に興味すら持たず、平々凡々と日本で25年の歳月を過ごす。1997年、「せっかくこういう環境にあるのに、フィンランド語をしゃべれないっていうのもねぇ…」と急に思い立ち、フィンランド語の習得と自分のルーツを探るべく、渡フィン。在フィン中は、勉強そっちのけで、現地ガイドの仕事と旅行三昧の日々を送る。2年半の留学（留遊!?）の後、2000年帰国。現在、密かなる野望を胸に仮面OL生活中。1972年横浜生まれ。國學院大學文学部文学科卒。職業はボヘミアン（と言うことにしている）。

著者メールアドレス
yubi_fin@hotmail.com

イラスト	曽根愛	
ブックデザイン	佐伯通昭	
	http://www.knickknack.jp	
地図作成	ワーズアウト	
企画協力	（株）エビデンストラベル	
	http://www.ejbox.com/tabi/et	

Special thanks to
　　　佐藤 千佳
　　　Pertti Kangasniemi

ここ以外のどこかへ！
旅の指さし会話帳㉟フィンランド
2002年 8月 8日 第1刷
2004年10月28日 第5刷

著者 ──────────────
青木エリナ

発行者 ─────────────
田村隆英

発行所 ─────────────
エビデンスコーポレーション
株式会社情報センター出版局
東京都新宿区四谷2-1 四谷ビル 〒160-0004
電話03-3358-0231
振替00140-4-46236　http://www.ejbox.com
　　　　　　　　　E-mail yubisashi@4jc.co.jp

印刷 ──────────────
萩原印刷株式会社

©2002 Elina Aoki
ISBN4-7958-2153-4
落丁本・乱丁本はお取替えいたします。

「指さし会話帳」は商標登録出願中です。

Matkakumppani Suomeen
sisällysluettelo

Lentokentältä majoitukseen	(8)	(46)	Joulupukin Pajakylä ja Santa Park
Tervehtiminen	(10)	(48)	Muumimaailma
Pyynnöt	(12)	(50)	Muotoilu
Tutustuminen	(14)	(52)	Urheilu
Kadulla	(16)	(54)	Musiikki ja elokuva
Kulkuvälineet	(18)	(56)	Sauna
Suomi	(20)	(58)	Japanilainen kulttuuri
Helsinki	(22)	(60)	Koti
Numerot ja rahat	(24)	(62)	Perhe ja ystävä
Ostoksilla	(26)	(64)	Luonne
Vaatteet ja värit	(28)	(66)	Vartalo
Kauppatorilla	(30)	(68)	Sairaalassa
Aika ja kello	(32)	(70)	Vaikeuksissa
Ajankulku	(34)	(72)	Käyttötavarat
Vuodenajat, kuukaudet ja sää	(36)	(74)	Eläimet ja kasvit
Syöminen	(38)	(76)	Verbit ja kysymyssanat
Ravintolassa	(40)	(78)	Adjektiivit ja adverbit
Perinteiset ruuat	(42)	(80)	Vaihdetaan osoitteita
Kahvilassa ja baarissa	(44)		